Christian Bilan

Der Faktor Vertrauen im Schulmanagement

Christian Bilan

DER FAKTOR VERTRAUEN IM SCHULMANAGEMENT

ibidem
Verlag

Bibliografische Information der Deutschen Nationalbibliothek
Die Deutsche Nationalbibliothek verzeichnet diese Publikation in der Deutschen Nationalbibliografie; detaillierte bibliografische Daten sind im Internet über http://dnb.d-nb.de abrufbar.

Bibliographic information published by the Deutsche Nationalbibliothek
Die Deutsche Nationalbibliothek lists this publication in the Deutsche Nationalbibliografie; detailed bibliographic data are available in the Internet at http://dnb.d-nb.de.

ISBN-13: 978-3-8382-1702-4

Printed in the EU

Wem ich vertraue,
dessen Gewissheit seiner selbst,
ist mir die Gewissheit meiner selbst.

Georg Wilhelm Friedrich Hegel (1770 - 1831)

Inhaltsverzeichnis

Abbildungsverzeichnis

1. Einführung

Diese Arbeit beschäftigt sich mit professionellem Vertrauen im Schulmanagement einer Schulleiterin oder eines Schulleiters. Kindliches Vertrauen, Vertrauen in privaten Beziehungen oder ein theologisch fundiertes Vertrauen werden nicht thematisiert, auch wenn etymologisch die Konnotate des Begriffs „Vertrauen“ nicht getrennt werden können, sondern vielmehr enge Verbindungen aufzeigen.

Das Wort „trauen“ ist schon vor dem 9. Jh. belegt und verfügt über die Präfigierungen ver- und betrauen. Im Mittelhochdeutschen lautet es *trūwen*, im Althochdeutschen *(gi-)trūēn*. Die Lautverhältnisse sind im Einzelnen nicht klar, es wird von der Verwandtschaft zu *treu* ausgegangen[1]. Es bedeutet „fest, sicher sein, vertrauen“ und auch „hoffen, glauben“, reflexiv auch „wagen“ und „heiraten“ als dem Sinn nach „an-ver-trauen“, als Abstraktum „Trauung“, als Partikelverb „zutrauen“. Bei grenzenlosem Vertrauen wird meist das Präpositionalobjekt anstelle des einfachen Dativobjekts gesetzt, so „vertraue ich dir“, aber „ich vertraue auf Gott“.

Das Wortfeld ist groß und hochfrequent. Der Duden[2] listet als typische Verbindungen mit Adjektiven

---

1 vgl. dazu Kluge, F.: Etymologisches Wörterbuch der deutschen Sprache. Bearbeitet von Elmar Seebold, 23. erw. Auflage 1999, S.833

2 s. https://www.duden.de/rechtschreibung/vertrauen – 08.01. 2023

auf: blind, uneingeschränkt, vollkommen, hundertprozentig, absolut.

Das hohe Alter des Wortes und die häufige Verwendung im deutschen Textkorpus lassen auf die weitreichende Bedeutung schließen. Die Verwendung ist dabei linguistisch immer reziprok gedacht: vertrauenswürdig sein und jemandem vertrauen. Dabei wird aphoristisch auch eine Grenze sichtbar: Vertrauen ist gut – Kontrolle ist besser.[3]

In verschiedenen Abschnitten der Arbeit wird sich zeigen, dass trotz wissenschaftlich-analytischer Trennung des Feldes zentrale Eigenschaften Überschneidungen aufweisen.

Im theoretischen Teil dieser Arbeit wird die soziologische, wissenschaftliche Literatur zum Thema den größten Raum einnehmen, da im Bereich Schule die Arbeit an sozialen, pädagogischen Beziehungen besonders wichtig ist.

Aber:

> „(...) Vertrauen ist kein ‚Harmoniekonzept' (...) sondern strukturell ambivalent: Vertrauen kann gezielt aufgebaut und dann ausgenutzt werden – sowohl in dyadischen Interaktionsverhältnissen (...) wie auch in professionellen Interaktionen." (Endreß in Maring 2010, S. 95)

---

3 Wladimir Iljitsch Uljanow (Lenin) zugeschrieben

Der Fokus liegt also insbesondere auf dem Faktor Vertrauen im Schulmanagement. Muss also die Schulleitung alles wissen? Welche Maßnahmen stärken das Vertrauen im Schulmanagement von Schulleitungen?

Der Begriff des Schulmanagements ist nicht so eindeutig definiert, denn „es gibt Führungskräfte, die managen, und es gibt Manager, die Personalführung betreiben" (Röbken 2016, S. 29). Die Klärung ist im Rahmen dieser Arbeit nicht so entscheidend, denn auch wenn Leadership und Management verschiedene Prozesse beinhalten können, kulminieren doch viele dieser Aufgaben in der einen Schulleiterin oder dem einen Schulleiter, der nach den Schulgesetzen der Länder in der Regel auch allein die Gesamtverantwortung für die Schule trägt.

In der Arbeit wird davon ausgegangen, dass Schulen sich entwickeln können, auch wenn das bei sozialen Systemen oft schwierig ist.

> „Die mangelnde Lenkbarkeit sozialer System beruht auf der Komplexität dieser Systeme, deren Elemente selber komplexe Systeme sind, die ihr Verhalten variieren können." (Horster 2011, S. 11)

In gewisser Weise setzt die Arbeit mit der Frage nach dem Vertrauen im Schulmanagement genau da an und nimmt die Komplexität sozialer Systeme auf - eben am Faktor Vertrauen.

Im empirischen Teil werden mit Hilfe der qualitativen Inhaltsanalyse nach Mayring fünf Experten-Interviews mit jeweils einer Schulleiterin oder einem Schulleiter ausgewertet, um die erarbeiteten theoretischen Aspekte des Faktors Vertrauen im Schulmanagement zu überprüfen.

Abschließend werden resultierende Handlungsempfehlungen für Schulleitungen vorgestellt, ein Fazit gezogen und ein Ausblick für mögliche, weitere Forschung gegeben.

2. Theoretische Grundlagen

Endreß (2002, S. 68ff.) begründet den Begriff des „fungierenden Vertrauens" und geht damit davon aus, dass ein Vertrauensverhältnis in der Regel nicht thematisiert wird, es sei denn, dieses Verhältnis ist bedroht, sodass es im Folgenden behandelt werden muss. Paradoxerweise wird also eher Misstrauen kommuniziert, während ein intakter, vertrauensvoller Bezugsrahmen ohne Explikation auskommt.

> „In dieser seiner Kernbedeutung dient (fungiert) Vertrauen wesentlich als stillschweigend vorausgesetzter („tacit") Bezugsrahmen alltäglichen Handelns bzw. wird als solcher wirksam." (Endreß in Maring 2010, S. 97)

Das fungierende Vertrauen hat einen impliziten Charakter und ist handlungswirksam, aber gerade nicht reflektiert, sondern konstitutiv prä-reflexiv. Endreß weist zu Recht auf die Problematik hin, dass diese Argumentation ausschließlich ex negativo geführt werden kann und verweist auf Kant, dass man mit Hilfe von Denken nicht „hinter" das Denken gelangen kann (vgl. ebd. S. 98f.). Im Unterschied zu einer Reflexivität ex post, wie man es bei allen anderen Konzepten von Vertrauen findet, handelt es sich beim Konzept des fungierenden Vertrauens um eine konstitutive Reflexivität in praxi (vgl. ebd. S. 100).

Konsequenterweise kritisiert Endreß damit alle Konzepte, die Vertrauen als kalkulierendes, rational-reflektiertes Handeln entwerfen, da sie die zugrunde liegende Bedingung des Prä-Reflexiven ignorieren. Auch in Abgrenzung zum habitualisierten Vertrauenskonzept u.a. nach Schütz (1963, S. 187ff.), das zwar auch prä-reflexiv gedacht ist, aber nicht als primärer Modus, sondern aufgrund von Interaktionen. Endreß (ebd. S. 101) führt aus:

> „Dieser Modus muss als konstitutive Form des menschlichen Weltverhältnisses verstanden werden, der habitualisiertes Vertrauen seinerseits erst ermöglicht."

Reemtsma (2008, S. 34) argumentiert ähnlich, indem er sagt:

> „Für Vertrauenswürdigkeit [ist] nicht allein von Belang, dass einer tut, was er sagt, sondern auch, dass er bestimmte Dinge nicht sagt und nicht tut. Nicht allein, dass wir wissen, was wir von ihm zu erwarten haben, sondern ebenso sehr, dass wir wissen, was wir von ihm nicht zu gewärtigen haben, zählt."

Endreß führt weiter aus, dass Vertrauen konstitutiv reziprok ist, also nur relational als Konzept zu etablieren ist. Zuletzt hat Vertrauen ein Fundament durch eine Historie in konkreten Interaktionen – das wiederum gilt gleichermaßen für Misstrauen.

Endreß' Begriffsverständnis ist konzeptionell besonders plausibel und geht hinter alle anderen bis jetzt vorhandenen Konzepte zurück. Grundlegender kann der Begriff „Vertrauen" nicht verstanden werden.

Dennoch kann dieses Begriffsverständnis nur eingeschränkt für die Arbeit in einem professionellen Feld hilfreich sein, wenn es um die aktive, steuernde Gestaltung eines Vertrauensverhältnis' geht. Hier greifen die pragmatischen Ansätze thematisch-reflexiven Vertrauens als kognitive Verhaltensdisposition und strategische Handlungsressource für Schulleitungen besser. Mit diesem pragmatischen Verständnis lässt sich eher die Frage beantworten, inwiefern Schulleitungen den Faktor Vertrauen im Schulmanagement beeinflussen können. Das vor-kognitive, „dahinterliegende" Konzept des fungierenden Vertrauens scheint für die pragmatischen Belange dieser Arbeit zunächst kaum nutzbar, gerade dadurch, dass es prä-reflexiv und nicht habituell ist. Die Bedeutung zum Verständnis von Vertrauen ist dennoch ungetrübt.

Für die pragmatischen Belange dieser Arbeit ist die Annahme Luhmanns hilfreich: „Vertrauen ist eine Lösung für spezifische Risikoprobleme" (Luhmann 2014, S. 144). Damit skizziert er eine system- und entscheidungstheoretische Grundlage im Rahmen einer Rational-Choice-Theorie. Personen handeln rational-reflexiv, indem sie ihr Risiko über zukünftige Handlungen anderer kalkulieren. Vertrauen ist hier eine zu kalkulierende und eben auch kalkulierbare soziale Beziehung.

Coleman (1990, S. 91, 99) zeigt auf, dass

> „under the general heading of trust the usual arrangement is simply an incorporation of risk into the decision of whether or not to engage in the action"

und

> „a rational actor will place trust [...] if the ratio of the chance of gain to the chance of loss is greater than the ratio of the amount of the potential loss to the amount of the potential gain".

Coleman argumentiert also, dass Vertrauen dazu beiträgt, das Risiko zu reduzieren, das mit sozialen Interaktionen und Transaktionen verbunden ist, und es uns ermöglicht, uns auf langfristige Ziele und Interessen zu konzentrieren. Sein Ansatz basiert darauf, Vertrauen gerade nicht als irrationales oder emotionales Phänomen zu betrachten, sondern er betont, dass Vertrauen ein rationaler Prozess ist, der von Individuen und Organisationen bewusst gewählt wird, um ihre eigenen Interessen zu realisieren. So werden die Wahrscheinlichkeit von Vertrauensbrüchen reduziert und die Kosten von Vertrauensbrüchen erhöht (vgl. ebd. S. 91f.).

Graphisch lassen sich die erläuterten Konzepte schematisiert so darstellen:

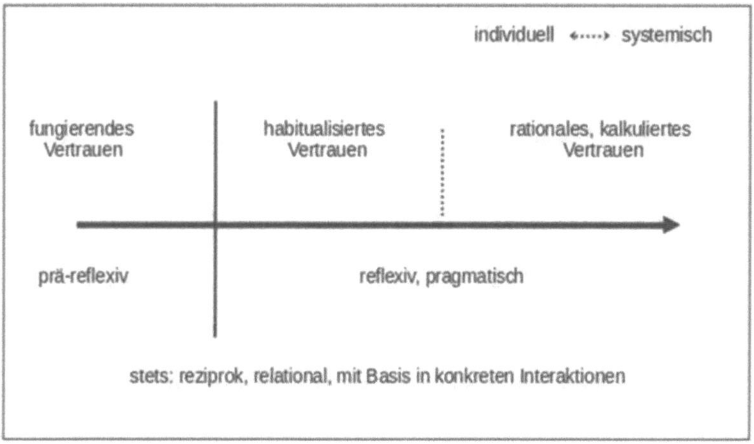

Abbildung 1: Konzepte von Vertrauen (eigene Darstellung)

Angesichts des Zeithorizontes von Vertrauen schreibt Luhmann (2015, S. 36):

> „Wer Vertrauen erweist, nimmt Zukunft vorweg. (...) Man könnte meinen, er überwinde die Zeit."

Luhmann unterscheidet hier zwischen *„gegenwärtiger Zukunft und künftigen Gegenwarten"* (ebd. S. 14). Jede Gegenwart hat grundsätzlich eine offene Anzahl von Möglichkeiten in der Zukunft, aber nur eine begrenzte Zahl davon kann künftige Gegenwart werden, weil nach und nach aus den Möglichkeiten selektiert wird. Vertrauen kommt hier eine besondere Rolle zu, indem es sich mit dem Zukunftshorizont der jeweiligen Gegenwart befasst. Das gilt in verstärktem Maße mit zunehmender Komplexität. Die Reduktion der zukünftigen Gegenwarten durch Vertrauen, das Zukunft vorweg nimmt, reduziert die Unwägbarkeiten und Unsicherheiten und stabilisiert Gegenwart und Zukunft (vgl. ebd., S. 14f.).

In den Experten-Interviews wird also eine Fragestellung sein, inwieweit fungierendes Vertrauen und inwieweit konzeptionell rationale Ansätze im Schulmanagement relevant sind.

2.1 Vertrauen zur Reduktion sozialer Komplexität

Luhmann (2015, S.1ff.) zeigt auf, dass Vertrauen eine Möglichkeit ist, die Komplexität der sozialen Welt zu reduzieren und so größere Handlungssicherheit und Souveränität zu erreichen. Indem Vertrauen in bestimmte Personen, Institutionen oder Regeln gesetzt wird, können wir uns darauf verlassen, dass sie bestimmte Verhaltensweisen und Entscheidungen treffen werden, was uns ermöglicht, uns auf andere Aspekte des Lebens zu konzentrieren, anstatt uns ständig um jede mögliche Situation sorgen zu müssen.

Im Alltag wird dieser Ansatz sofort eingängig: Wir vertrauen darauf, dass der Supermarkt noch da ist, wir ohne Unfall dorthin gelangen, die Öffnungszeiten gelten, unser Geld noch Wert hat, der Kassierer uns nicht betrügt und wir anschließend den Weg nach Hause finden usw.

Luhmann betont dabei, dass Vertrauen nicht als moralische Eigenschaft, sondern als soziale Funktion betrachtet werden sollte. Es ermöglicht eine effiziente Kommunikation und Handlungen in sozialen Systemen, indem es Unsicherheit und Unvorhersehbarkeit reduziert.

> „Wo es Vertrauen gibt, gibt es mehr Möglichkeiten des Erlebens und Handelns, steigt die Komplexität des sozialen Systems, also die Anzahl der Möglichkeiten, die es mit seiner Struktur vereinbaren kann, weil im Vertrauen eine wirksamere Form der Reduktion von Komplexität zur Verfügung steht.“ (vgl. ebd. S. 8-9)

Luhmann argumentiert, dass Vertrauen eine Reduktion von Komplexität darstellt, indem es uns ermöglicht, Entscheidungen und Handlungen in komplexen sozialen Systemen zu treffen, ohne alle möglichen Konsequenzen vorherzusehen oder zu verstehen. Wenn wir einer Person oder Institution vertrauen, können wir uns auf deren Entscheidungen und Handlungen verlassen, anstatt uns selbst mit der Analyse aller möglichen Auswirkungen beschäftigen zu müssen. So reduziert Vertrauen die notwendige Anzahl an Entscheidungen und damit die Komplexität in sozialen Systemen.

Für das soziale System Schule besteht so die Chance, dass im Rahmen des Schulmanagements die Schulleitung mehr Handlungsoptionen erlangt, wenn Sie z.B. Lehrkräften vertraut, also sich auf deren Entscheidungen und Handlungen verlässt, ohne im Rahmen eines Mikro-Managements alles wissen zu müssen. Diese Entlastung trägt unmittelbar dazu bei, dass grundlegende schulische Prozesse ablaufen und besser gesteuert werden können.

Dabei geschieht gleichzeitig das Gegenteil der Reduktion von Komplexität - die Steigerung der Komplexität. Wenn also im sozialen System Schule Vertrauen existiert, das es ermöglicht die Komplexität zu reduzieren, eröffnen sich wiederum mehr Kapazitäten, komplexer zu erleben und zu handeln. Der Faktor Vertrauen in sozialen Systemen kann also nicht hoch genug eingeschätzt werden, sondern reduziert und multipliziert die Optionen gleichzeitig.

Auf der pragmatischen Ebene stellt sich damit die Frage, ob die Handlungssicherheit von Lehrkräften durch Vertrauen, das in sie gesetzt wird, verstärkt wird.

2.2 Individuelles Vertrauen und Systemvertrauen

Luhmann (vgl. 2015, S. 60f.) zeigt, dass Gesellschaft und soziale Systeme sich im Laufe der Zeit immer weiter spezialisieren und in immer kleinere Teilsysteme unterteilen. Dieser Prozess der funktionellen Differenzierung ermöglicht es, komplexe soziale Prozesse und Interaktionen besser zu koordinieren und zu verstehen, indem bestimmte Aufgaben und Verantwortlichkeiten bestimmten Teilsystemen zugewiesen werden.

In Verbindung mit dieser funktionellen Differenzierung entsteht das Konzept des „Systemvertrauens". Luhmann argumentiert, dass Vertrauen eine notwendige Bedingung für die Funktionsfähigkeit von Gesellschaft und sozialen Systemen ist, da es uns ermöglicht, uns auf bestimmte Aspekte einer Situation oder einer Person zu konzentrieren, anstatt uns mit der gesamten Komplexität der Umstände zu beschäftigen. Vertrauen ermöglicht es uns, uns darauf verlassen zu können, dass bestimmte Dinge oder Personen in bestimmten Situationen bestimmte Verhaltensweisen zeigen werden.

> „Vertrauen ist die Fähigkeit, auf die Funktionsfähigkeit von sozialen Systemen zu vertrauen, ohne ihre inneren Prozesse zu kontrollieren oder zu verstehen." (Luhmann 2015, S.212)

Unwägbarkeiten und Risiken menschlichen Handelns - wie bei Luhmann (vgl. 2001, S. 148ff.) beschrieben - werden als selbst verursacht und selbst verantwortet verstanden. Risiken geht man ein, während man Gefahren gegenüber einfach ausgesetzt ist. Vertrauen meint nun das Verhältnis von Risiko und eigener Entscheidung und beinhaltet damit stets die Möglichkeit der Enttäuschung von Erwartungen. Beim Systemvertrauen (bei Luhmann auch „Zuversicht", s. ebd.) werden hingegen Enttäuschungen der Erwartung äußeren Einflüssen zugeschrieben.

Aus entwicklungsgeschichtlicher Perspektive geht der Wechsel zu funktional stark differenzierten Gesellschaften mit dem Wechsel der Vertrauensthematik einher. Vom persönlichen, individuellen Vertrauen in kleinen, eher undifferenzierten Gesellschaften geht die Entwicklung hin zu einem komplexen, stark differenzierten Gesellschaftsmodell. Damit wechselt auch das persönliche Vertrauen, einer konkreten Vertrautheit, hin zum Typus des Systemvertrauens. Es ist charakterisiert durch eine Position „jenseits von persönlich geleistetem Vertrauen oder Misstrauen" (vgl. Luhmann 2015, S. 77).

> „Im Systemvertrauen schwingt die Bewusstheit mit, dass alle Leistungen *hergestellt*, alle Handlungen im Vergleich mit anderen Möglichkeiten *entschieden* worden sind. Das Systemvertrauen rechnet mit *ausdrücklichen* Prozessen der Reduktion der Komplexität, also mit Menschen, nicht mit Natur." (ebd., S. 78)

Das bedeutet, dass individuelles Vertrauen und Systemvertrauen zwei zentrale Aspekte sind, die für eine komplexe Gesellschaft und ein erfülltes Leben von Bedeutung sind.

Systemvertrauen bezieht sich auf das Vertrauen, das Menschen in die Institutionen und Systeme haben, die unser Leben beeinflussen. Dazu gehören z.B. die Regierung, die Justiz, die Wirtschaft und die Medien. Ohne Systemvertrauen würden Menschen nicht glauben, dass die Regierung fair und gerecht handelt, dass die Wirtschaft stabil ist oder dass die Medien objektiv berichten.

Systemvertrauen macht fast immun gegen einzelne Enttäuschungen. Das Systemvertrauen braucht nicht immer wieder neu gelernt zu werden (vgl. Luhmann 2015, S. 75).

Doch auf Schule lässt sich der Begriff des Systemvertrauens nicht so einfach übertragen. Es ist nachvollziehbar, dass Schulen komplexe, gesellschaftliche (Teil-)Systeme sind, weil dort große gesellschaftliche Gruppen (Eltern, Schüler/-innen, Lehrer/-innen) beteiligt sind und Schulen beständig in der gesellschaftlichen Debatte mit Anforderungen aus Politik, Wirtschaft, Sozialverbänden etc. konfrontiert sind. Dadurch, dass

Luhmann das Konzept der Prä-Reflexivität nicht berücksichtigt, verweist dieser Gesichtspunkt

> „auf eine Leerstelle, die die fehlende Analyse professioneller Interaktionen in diesem Zusammenhang bei Luhmann bildet, um eine mittlere Ebene von Vertrauenskonstellationen berücksichtigen zu können (...)." (Endreß 2002, S. 33)

In dieser Arbeit sollen beide Ansätze berücksichtigt werden, die sich ergänzen und keineswegs einander ausschließen.

Auf der Ebene des individuellen Vertrauens listet Tilmann die Einflussfaktoren auf das Vertrauen von Mitarbeitenden in die Führungskraft auf (Ausschnitt)[4]:

4 Beschreibung nach Tilmann in Schweer (2022, S. 208)
Transformationale Führung =primär emotionsbasierten Führungsstil (Vision, Inspiration, Charisma)
Transaktionale Führung = primär rational orientierter Führungsstil
Dienende Führung = Gemeinschaft errichten, Teamwork stärken, Macht teilen

		Befunde
Fokus Führungskraft	***Eigenschaften***	**Wissen und Qualifikationen** **Fähigkeit zur Etablierung einer Wissensbasis** **Berechenbarkeit** **Vertrauenswürdigkeit** **Ähnlichkeit mit Geführten**
	Verhalten	**Transformationale Führung** **Transaktionale Führung** **Dienende Führung** **Partizipation der Mitarbeitenden** **Beständiger Informationsfluss** **Gerechtigkeit** **Leader-member-exchange**

Abbildung 2: Einflussfaktoren auf das Vertrauen von Mitarbeitenden in die Führungskraft (Tilmann in Schweer 2022, S. 207)

So stellen sich die Fragen nach dem prä-reflexiven Vertrauen, das sowohl individuell als auch systemisch wirksam sein kann, nach dem individuellen Vertrauen in persönlichen Einzelsituationen im professionellen Rahmen und deren Einflussfaktoren und ebenso nach dem Systemvertrauen in die jeweilige Einzel-Schule, die für diese Arbeit den Rahmen bildet. Die Identifikation von Führungsstilen kann diese Arbeit nicht leisten und das Verhältnis z.B. zu Unterstützungssystemen für die eigenverantwortliche Schule – wie der Fortbildung, der Schulinspektion oder der Schulaufsicht – wird in dieser

Arbeit ebenfalls nicht näher beleuchtet, weil es den Fokus vom Faktor Vertrauen im Schulmanagement zu weit wegverlagern würde.

2.3 Vertrauen und Resilienz

Antonovsky beschreibt in seiner Theorie der Salutogenese die Bedeutung von Gesundheitsförderung und Prävention, um Resilienz und Wohlbefinden auf individueller und gesellschaftlicher Ebene zu fördern. Durch die Schaffung von Umgebungen und Systemen, die auf die Bedürfnisse der Menschen ausgerichtet sind und den Aufbau von Kohärenz und Ressourcen erleichtern, kann dazu beigetragen werden, dass Menschen stabiler und widerstandsfähiger gegen Herausforderungen werden.

In Anlehnung an Antonovsky (u.a. 1993, 1996) wird auch in dieser Arbeit Resilienz als die Fähigkeit eines Individuums oder einer Gruppe betrachtet, sich an Stressoren anzupassen, umfassende Veränderungen zu bewältigen und sich nach widrigen Ereignissen zu erholen. Die Salutogenese-Theorie nach Antonovsky betont die zentrale Bedeutung von Kohärenz als einem Gefühl der Verstehbarkeit, Handhabbarkeit und Bedeutsamkeit von Ereignissen.[5]

---

5 Abbildung nach: https://www.zeitfenster.com/wp-content/uploads/2020/10/Salutogenese-II.jpg – 05.03.2023

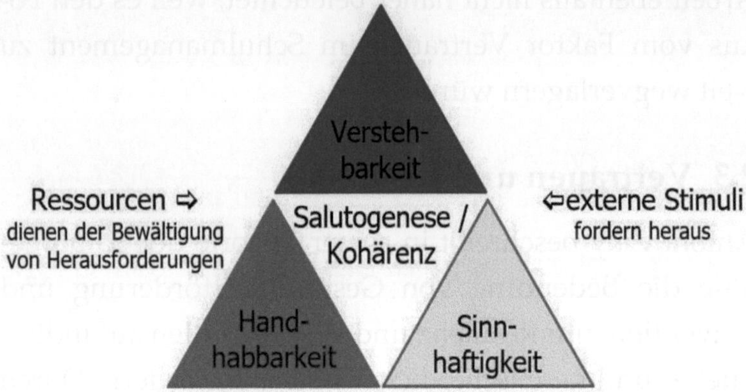

Abbildung 3: Salutogenese / Kohärenz nach Antonovsky (1993)

Diese innere Einstellung und das Lebensgefühl ermöglicht es, Herausforderungen und Stressoren zu bewältigen und damit resilienter zu sein. Eine Person mit hoher innerer Kohärenz hat eine klare Vorstellung davon, wer sie ist, was sie will und wie sie ihre Ziele erreichen kann. Sie hat auch eine positive Einstellung zum Leben und zu sich selbst.

Antonovsky betont die Bedeutung von Ressourcen, sowohl internen als auch externen, um Kohärenz aufzubauen und aufrechtzuerhalten. Als wichtige interne Ressource führt er Vertrauen an:

> „Vertrauen ist ein wesentlicher Faktor bei der Förderung der Resilienz, da es ein Gefühl von Sicherheit und Selbstwirksamkeit vermittelt, das dazu beiträgt, dass Menschen Herausforderungen besser bewältigen und schneller von Rückschlägen zurückkommen können." (Antonovsky 1993, S. 38)

Antonovsky schreibt ferner, dass

> „Vertrauen in die Fähigkeit, mit Herausforderungen umzugehen, eine wichtige Quelle der Kohärenz ist, da es Menschen dazu befähigt, ihre Erfahrungen als sinnvoll und handhabbar zu betrachten.“ (Antonovsky 1996, S. 26)

Das zentrale Kohärenzgefühl beschreibt Hoyer[6] in Anlehnung an Antonovsky also als ein umfassendes und überdauerndes Gefühl des Vertrauens, dass

1. die inneren und äußeren Umweltreize im Lebenslauf strukturiert, vorhersagbar und erklärbar sind (= Verstehbarkeit),
2. die Ressourcen verfügbar sind, um die Anforderungen, die an eine Person gestellt werden, bewältigen zu können (=Handhabbarkeit) und
3. die Anforderungen Herausforderungen darstellen, für die sich Anstrengung und Engagement lohnen (=Bedeutsamkeit).

Hier ist sehr deutlich zu sehen, welchen zentralen Anteil der Faktor Vertrauen als Ressource im Konzept der Salutogenese einnimmt.

Der wichtige Perspektivwechsel von Antonovsky, die Gesunderhaltung zu thematisieren und nicht zuerst nach der Pathogenese zu fragen, fußt auf dem Faktor Vertrauen als sehr wichtiger Ressource für das Gefühl von Kohärenz.

---

6 Hoyer, J.: Vorlesung Gesundheitspsychologie, s. https://www.slideserve.com/lucio/gesundheitspsychologie-ws-2006 – Folie 38 – 05.03.2023

Die drei Kernperspektiven der Salutogenese gelten wohl auch für die Arbeit in Schule. Vertrauen im Schulmanagement scheint also auch für die Resilienz des Einzelnen und des Gesamtsystems Schule relevant zu sein. Dieser Perspektive soll ebenfalls in den Interviews nachgegangen werden.

2.4 Vertrauen als self-fulfilling prophecy

Vertrauen als self-fulfilling prophecy bezieht sich auf die Annahme, dass das Vertrauen, das wir in uns selbst oder andere haben, unsere Erwartungen und unser Verhalten beeinflussen kann und somit dazu beiträgt, dass unsere Erwartungen in Erfüllung gehen.

> „Eine selbsterfüllende Prophezeiung ist eine Annahme über die Zukunft, die dazu führt, dass der Träger sein Erleben und Verhalten so ändert, dass diese Annahme tatsächlich real wird.“ (Becker 2023[7])

Becker zeigt dazu auf den Seiten der WPGS folgende Grafik (s. ebd.):

7 Becker, F., WPGS (Wirtschaftspsychologische Gesellschaft) in: https://wpgs.de/fachtexte/selbsterfuellende-prophezeiung/ 05.03.2023

Abbildung 4: Selbsterfüllende Prophezeiung als Modell nach Becker (WPGS 2023)

Die Annahme, dass jemand vertrauenswürdig ist, führt verstärkt zu Entscheidungen und Verhalten, die diese Annahme stützen, was das Ergebnis zu Folge hat, dass die Person dieser Erwartung auch tatsächlich gerecht wird und die Annahme der Vertrauenswürdigkeit bestätigt wird. Die Prophezeiung hat sich selbst bestätigt. Nach Becker (ebd.) sind diese Annahmen sehr mächtig, denn „wir machen sie ganz unbewusst oft zur Realität."

Da Vertrauen ein Begriff ist, der sich „in relationalen Zuschreibungen ausdrückt" (Lenk in Maring 2010, S.32), tätigen wir damit stets Annahmen über eine andere Person oder ein System. Diese Annahmen können verschiedene Adressaten haben: Der einzelne kann sich selbst vertrauen, er kann darauf vertrauen, dass andere ihm vertrauen und er kann darauf vertrauen, dass andere Dritten vertrauen, wie er es selbst auch tut. Die ersten beiden Formen liegen im Bereich des personalen

Vertrauens, die dritte Form im Bereich des Systemvertrauens (vgl. Luhmann 2015, S.91). Luhmann zeigt hier, dass die rationale Basis des Systemvertrauens im Vertrauen in das Vertrauen anderer liegt.

In allen drei Fällen wird die Annahme, sich, jemandem oder einem Dritten vertrauen zu können, die eigenen Entscheidungen und das eigene Verhalten dahingehend beeinflussen und entsprechende Ergebnisse hervorbringen, dass die ursprüngliche Annahme sich regelmäßig bestätigt und „ganz unbewusst zur Realität wird“ (s.o.). Endreß schreibt dazu:

> „So erweist sich für jedes Vertrauen eine gewisse hinreichende Wahrscheinlichkeit für das Eintreten des Erwarteten offenkundig als konstitutiv (...).“ (Endreß 2002, S.74)

Diese Eigenschaften von Vertrauen als Self-fulfilling prophecy sind in ihrer Bedeutung für professionelles Vertrauen in einer Institution wie der Schule nicht zu unterschätzen. Die positiven Grundannahmen vertrauensvoller Zusammenarbeit, von Vertrauen in Schulleitung und Schulmanagement und in das Kollegium könnten weitreichende Wirkung haben, sodass sich das in Personen oder das System Schule gesetzte Vertrauen nicht nur bestätigt, sondern darüber hinaus auch noch verstärkt. Zu vertrauen könnte also in einer Art Zirkelschluss wirken und sich fortlaufend perpetuieren.

Auch diese Frage wird im Rahmen der Experten/-innen-Interviews genauer betrachtet werden.

2.5 Reziprozität von Vertrauen

Wie bereits erwähnt, wird der Begriff des Vertrauens bei zahlreichen Soziologen durchgängig als konzeptionell reziprok verstanden. Für Simmel (vgl. Simmel 1989, S.214) impliziert Vertrauen gleichzeitig das Versprechen, die auf Wechselseitigkeit angelegte Transaktion unbeschadet zeitlicher Verschiebungen auch zu erfüllen. Die Reziprozität ist also gleichzeitig durch eine hohe Verbindlichkeit gekennzeichnet und damit konstitutiver Bestandsteil des Konzeptes von Vertrauen.

Die Reziprozität von Vertrauen bedeutet als schlicht, dass Vertrauen in - in dieser Arbeit fokussiert professioneller - Beziehungen konzeptionell gegenseitig ist und sich gegenseitig beeinflusst. Dies bedeutet, dass, wenn eine Person einer anderen Person vertraut, die andere Person das Vertrauen erwidert.

Child weist allerdings noch auf eine anfängliche Lücke in der Vertrauensbildung hin. Die Bildung und Aktivierung von Vertrauen benötigt einen Vertrauens-Vorschuss, einen Vorschuss der Zuerkennung bzw. der pragmatisch-normativen Zuschreibung von Vertrauen, den er als „leap of faith" bezeichnet. Ohne den Vertrauensvorschuss über die Lücke der Unsicherheit, der Gefährdung der sozialen Beziehung, wäre für Child kein Anfang eines Vertrauensprozess' gegeben, der immer erst durch die Aufhebung von Unsicherheit und Verletzlichkeit der Person gekennzeichnet ist (vgl. Child 2003, S. 69ff.).

Der Vertrauensvorschuss ist mit der deutlichen Erwartung verknüpft, dass andere sich dann auch so verhalten, wie es im Positiven antizipiert wird.

> „In Abgrenzung zu dem sogenannten blinden Vertrauen besteht eine wesentliche Grundannahme nun darin, dass das immerzu verbleibende Risiko von der vertrauensgebenden Person nicht einfach ausgeblendet oder gar negiert wird: Das Ausmaß investierten Vertrauens ist auf der Grundlage positiver wie negativer Erfahrungen vorlaufender Vertrauenshandlungen eine mehr oder weniger bewusst reflektierte, kritische Abwägung, die mit persönlichen (oder auch institutionell vertretenen) Moralvorstellungen und Wertorientierungen verbunden ist." (Schweer 2022, S. 3)

Hier zeigt sich die enge Verbindung wiederum zu der sich selbst erfüllenden Vorhersage. Durch eben diesen notwendigen Vertrauensvorschuss, den Child und Schweer skizzieren, wird angenommen, dass dieser gerechtfertigt ist und damit auch das Ergebnis beeinflusst, nicht enttäuscht zu werden, sondern das Vertrauen gerechtfertigt zu sehen. Damit sinkt gleichzeitig deutlich das Risiko, enttäuscht zu werden, insbesondere dann, wenn systemisch bereits positive Vorerfahrungen vorliegen. Das reziproke Gewähren von Vertrauen kann, besonders bei stabilen sozialen Beziehungen, zeitlich durchaus versetzt geschehen und muss keineswegs immer direkt dem wahrgenommenen Umfang entsprechen.

Inwieweit also Reziprozität von Vertrauen auch für den Faktor Vertrauen im Schulmanagement relevant ist, gerade auch in Verbindung mit entsprechenden Erwartungen, wird im empirischen Teil aufgenommen werden.

2.5.1 Vertrauen als Chance und Fessel

Die Reziprozität von Vertrauen zeigt sich nicht nur als beispielsweise gegenseitige Wertschätzung, sondern in gleichem Zuge als gegenseitige Bindung.

> „In einer beweglichen Umwelt, deren Komplexität besonders auch in sozialer Hinsicht bewusst wird, impliziert diese Einstellung [starr und unbeweglich zu sein] Gefahren für den Bestand des Systems und damit auch für die Fortsetzbarkeit des Vertrauens. Elastischer, komplexer, bestandsfähiger sind Systeme, die das Vertrauen, das sie in ihrer Umwelt genießen, als Problem erleben und sich darum bemühen können. Sie verlieren an Spontaneität und gewinnen an Reflexivität." (Luhmann 2015, S.79f.)

Luhmann (vgl. ebd., S. 80f.) fährt fort, indem er feststellt, dass die Grundlage allen Vertrauens also die Darstellung des eigenen Selbst sei, das sich in Interaktion aufbaut und mit der Umwelt korrespondiert. Die feste Bindung wird hier dadurch deutlich, dass man also am sozialen Leben teilnehmen muss und in der Lage sein muss, fremde Erwartungen zu berücksichtigen: „Alle Selbstdarstellung verpflichtet" (ebd. S. 81). Das gilt besonders, je länger jemand vertraut hat und Vertrauen genießt. Er ist in „ein durch ihn miterzeugtes Gewebe von Normen verstrickt, aus dem er sich nicht zurückziehen kann" (ebd., S. 82). Gewissermaßen wirkt diese Verstrickung als Fessel der Verhaltensdispositionen als

Kehrseite der verlässlichen Erwartungen, die an einen gestellt werden. Diese Fessel gilt nun allerdings gleichermaßen reziprok! Wie in Kapitel 2.1 gezeigt, entlastet sich derjenige, der vertraut, von nicht zu bewältigender Komplexität. „Wer sein Vertrauen missbrauchen will, muss seinerseits diese Komplexität übernehmen" und also „komplexe Verhaltensanforderungen auf sich laden (...), sodass er selbst Gefahr läuft, unter dem Druck der Komplexität zusammenzubrechen." (ebd., S. 83f.). Dem kalkulierten Vertrauensbruch bleibt nur noch die Reduktion der Komplexität über die zeitliche Begrenzung übrig. Luhmann ergänzt zudem, dass taktisch möglichst auch der Kontakt mit dem Betrogenen begrenzt wird. Im professionellen Bereich und insbesondere in den eher geschlossenen sozialen Systemen von Einzelschulen mit einer hohen Dichte sozialer Interaktionen ist diese Strategie allerdings kaum zu bewerkstelligen. In der Regel verlassen dann diese Kollegen/-innen die Einzelschule kurzfristig. Die Bindung oder die Fessel gilt also sehr weitgehend ebenfalls reziprok.

Andererseits bedeutet diese gegenseitige Bindung eine besondere Chance. Wer also „die Vertrauensbeziehung, ihre Themen und ihre Grenzen mitplant, wird dabei die Vorzüge einer gemeinsamen Komplexitätsreduktion eher erkennen. (...) Es ist anzunehmen, dass die sich daraus ergebenden Möglichkeiten mit mehr Bewusstheit besser genutzt werden können." (ebd., S. 85).

Diese Grundkonstellation von Vertrauen als Chance und Fessel scheint konstitutiv zu sein, aber welche Bedeutung hat es für den Faktor Vertrauen im Schulmanagement? Es ist wohl anzunehmen, dass diese bindende Reziprozität ebenfalls im Schulmanagement wirksam ist.

2.6 Vertrauen, Misstrauen und Kontrolle

Vertrauen und Misstrauen sind nicht nur einfach in Opposition zueinander, sondern Misstrauen zugleich auch ein „funktionales Äquivalent für Vertrauen" (Luhmann 2015, S. 92).

Vertrauen reduziert soziale Komplexität, wie in Kapitel 2.1 beschrieben. Ohne Vertrauen oder ohne die Bereitschaft zu vertrauen, also Vertrauensvorschuss zu gewähren, bleibt die ursprüngliche soziale Komplexität weiterhin erhalten, und der, der nicht vertraut, wird durch die schier endlosen Geschehensoptionen belastet bis hin zur Unfähigkeit zu handeln oder gar zu entscheiden.

> „Wer nicht vertraut, muss daher, um überhaupt eine praktisch sinnvolle Situation definieren zu können, auf funktional äquivalente Strategien zur Reduktion von Komplexität zurückgreifen. Er muss seine Erwartungen ins Negative zuspitzen." (Luhmann 2015, S. 93)

Er muss misstrauen – und so die Reduktion von Komplexität wieder herstellen.

> „Auch Misstrauen leistet somit Vereinfachung, oft drastische Vereinfachung." (ebd.)

Vertrauen beschreibt zunächst eine positive Erwartungshaltung, bei der das Risiko der Erwartungsenttäuschung besteht. Bei Misstrauen bestehen analog Negativerwartungen. Diese sind allerdings komplexer als positive Erwartungen, weil in einer Situation die plausiblen Lösungen oft umrissen und überschaubar sind, während das, was alles nicht eintreffen kann, dem Grunde nach unüberschaubar ist. So kostet Misstrauen enorme Kraft, während Vertrauen ökonomisch ist.

> „Vertrauen ist demgegenüber [dem Misstrauen] psychologisch der leichtere Weg, und starke Motive, eine Beziehung mit Vertrauen zu beginnen, haben hier ihren Grund." (Luhmann 2015, S.94)

Hier zeigt sich nochmals die enge Verknüpfung von Vertrauen als wesentlicher Ressource des Kohärenzerlebens im Rahmen der Salutogenese: Zu vertrauen schont die Ressourcen von Beginn an, d.h. sogar dann schon, wenn zunächst nur ein Vertrauensvorschuss gewährt wird.

> „Angesichts seiner komplexitätsreduzierenden und sicherheitsgenerierenden Funktion zeichnet sich Vertrauen als ein Schlüssel zur Offenheit für eine kritische Auseinandersetzung mit den Ungewissheiten krisenhafter Situationen aus, vor allem als ein Schlüssel für das Bemühen um ein gemeinsames, konstruktives Aushandeln bestmöglicher Lösungswege." (Schweer 2022, S. 6)

Einen Indikator für vorhandenes Vertrauen ist die Bereitschaft, sich in eine ungewisse Situation der Verwundbarkeit zu begeben. Der vertrauenden Person kann dadurch Schaden zugefügt werden, ohne dass sie durch wirksame Sanktionsmechanismen geschützt ist (vgl. Mayer et al. 1995, S. 711ff.).

In der organisationstheoretischen Literatur unterscheidet Mayer (ebd., S.715ff.) zwischen drei Vertrauensgrundlagen:

1. Kompetenzen oder Fähigkeiten
2. Moralische Integrität und
3. Guter Wille einer anderen Person

Mit den Arten des Vertrauens sind entsprechende Risiken verbunden: Ausfall der Leistung, Ausfall der erwarteten Wertvorstellungen und Ausfall der Rücksicht auf persönliche Bedürfnisse.

> „Organisationsformen (...) versprechen, ohne ein besonderes Maß an Vertrauen zwischen den Mitarbeitern, nur wenig Effektivität und Effizienz. Da Vertrauen vor allem für Abstimmungsprozesse relevant wird, kommt hier dem Vertrauen in den guten Willen eine dominierende Bedeutung zu." (Eberl in Maring, S. 246)

Dieser Aspekt trifft wohl auf viele Schulen zu. Die Hierarchie, auch wenn es ein breites mittleres Management gibt, ist in der Regel sehr flach. Nur die Schulleiterin oder der Schulleiter hat die Personalverantwortung. So dominiert in Schule eher der „gute Wille" als Grundlage für Vertrauen. Die Kompetenzen werden über eine relativ homogene Ausbildung über ein auf den Lehrberuf zugeschnittenes Studium und anschließendes Referendariat weitgehend sichergestellt und als Angehörige einer bürgerlichen Mittelschicht[8] existieren eher ähnliche Wertvorstellungen.

Der zeitliche Ablauf hin zum Misstrauen – die Umkehrbewegung ist aufgrund der o.g. Schwierigkeiten eher unwahrscheinlich – ist bedeutsam, weil auf dem Weg irgendwann die Schwelle zum Misstrauen erreicht ist.

> „Vertrauen kann den Zeithorizont des Systems ausweiten, während Misstrauen ihn zusammenzieht. Damit schrumpft die Komplexität und das Befriedigungspotential des Systems." (Luhmann 2015, S. 74)

So wird wahrnehmungspsychologisch das vorangegangene Erleben verdichtet und die Schwelle zum Misstrauen erreicht. Derjenige, der jetzt misstraut, wechselt nun in den Modus der Negativerwartung: Die Kompetenzen oder Fähigkeiten werden nicht anerkannt oder in Frage gestellt, die moralische Integrität bezweifelt oder negiert und der gute Wille aberkannt oder böse Absichten unterstellt.

---

8 Im Rahmen dieser Arbeit kann die Frage nach sozialen Schichten hier nicht behandelt werden. Grundlagen z.B. in: Geißler, R.: Soziale Schichtung und Lebenschancen in der Bundesrepublik Deutschland. Stuttgart 1987

> „Wer sich als Gegenstand solcher Misstrauensäußerungen sieht, wird kaum geneigt sein, die Perspektive des Misstrauens auf sich selbst anzuwenden und die Ursache dafür in sich selbst zu suchen." (Luhmann 2015, S. 97)

Derjenige, dem nun misstraut wird, ist gegenüber demjenigen, der ihm misstraut, nun nicht mehr an die Bindung durch das Vertrauen gebunden, er ist nicht mehr „gefesselt". Er kann dementsprechend harte Konsequenzen ziehen, was nun dem Misstrauenden nachträglich in seinem Misstrauen bestätigt. Hier gilt wiederum das Prinzip der self fulfilling prophecy, nur halt in der negativen Wendung.

Solange Misstrauen innerhalb eines Systems nicht überhand nimmt, kommen verschiedene Strategien zum Tragen, Einzelereignisse zu kompensieren oder zu verarbeiten: Leugnen, Existenz negieren oder auch sanktionieren. „Weiter sind auch Institutionen des Strafens, Büßens und Verzeihens hierherzurechnen." (Luhmann 2015, S.101). Solange diese Kompensationsstrategien wirksam sind, ist die Schwelle des Misstrauens noch nicht vollständig überschritten.

> „'Vertrauen braucht keine Kontrolle' - diese Sichtweise erscheint aufgrund der bisherigen Ausführungen nahe liegend zu sein, greift aber zu kurz. Entscheidend ist die Art der Kontrolle und die damit verbundene und wahrgenommene Intention. Insofern ist parallel zu einem differenzierteren Verständnis von Vertrauen auch ein differenziertes Verständnis von Kontrolle notwendig, um die Verhältnisse zu klären." (Eberl in Maring 2010, S. 251)

Kontrollen sind also dazu geeignet, dass die Schwelle zum Misstrauen, nicht erreicht wird. Wer vertraut, muss sich klarmachen, dass dieses Vertrauen nicht bedingungslos ist, sondern im Rahmen vernünftiger Erwartungen auch Grenzen hat. Vertrauen wird, weil die reale Kontrolle ebenfalls zu komplex wäre, dabei symbolisch kontrolliert, z.B. über eine angepasste Rückkopplungsschleife, ob weiterhin das Vertrauen gerechtfertigt ist. Symbolisieren also bestimmte Formen der Kontrolle nun selbst wiederum Vertrauenswürdigkeit? Eberl beschreibt, dass Vertrauen und Kontrolle auch Hand in Hand gehen können:

> „Kontrolle wird hier nicht zur Überprüfung des richtigen Verhaltens, sondern als Unterstützungsleistung durchgeführt. Kontrolle dient hier zur Gewinnung von Informationen, um Organisationsmitgliedern eine bestmögliche Hilfestellung zur Entwicklung Ihrer Fähigkeiten anbieten zu können. (...) Dies bedeutet dem Management selbst wird erst einmal bei entsprechend kompetenter und integrer Anwendung Vertrauenswürdigkeit zugesprochen." (Eberl in Schweer 2022, S. 232)

So kann nun also Kontrolle konzeptionell in Vertrauen integriert werden, was aber offenkundig sensibel ist, weil doch der Grad, dass Kontrolle im Wesentlichen Unterstützung bedeutet, sehr schmal zu sein scheint. Eberl weist noch auf einen Grenzbereich hin:

> „Problematisch und damit vertrauenskritisch sind solche Situationen, in denen eine Leistungskontrolle nicht mehr möglich ist. In diesem Fall steht zu Vertrauen kein wirklicher Ersatz mehr zur Verfügung." (Eberl in Maring 2010, S.235)

Der Aspekt, den Eberl hier aufwirft, scheint für das System Schule kaum relevant zu sein. Dadurch, dass es eine sehr hohe Dichte von sozialen Interaktionen in allen Bereichen gibt, ist eine Kontrollmöglichkeit ständig gegeben.

Gänzlich auflösen lässt sich das Verhältnis von Vertrauen, Misstrauen und Kontrolle dennoch nicht, basiert es doch auf dem Dilemma von Souveränität und Vertrauen. Denn mit dem Vertrauen in eine andere Person oder ein System, wird auch ein Teil der Verantwortung mit abgegeben und so die eigene Souveränität eingeschränkt.

Sprachlich pointiert formuliert Höhler[9]:

> „Vertrauen stellt seine Partner vor die Missbrauchswahl. Zugleich schluckt es die Wahlfreiheit: Keiner will sich vom Vertrauen trennen. Es erwidern, um es zu behalten: die einzige Möglichkeit, Vertrauen zu sichern."

Um den Faktor Vertrauen im Schulmanagement genauer bestimmen zu können, sind auch die Grenzbereiche interessant, also wann Vertrauen endet. Hier ist die Frage nach der Kontrolle relevant und ggf. die Frage nach Sanktionen bei Misstrauen, die in den Experten-Interviews auch untersucht werden.

---

9 Höhler, Gertrud: Warum Vertrauen siegt. Berlin 2003, S. 239

3. Empirischer Teil

Die Fragestellung nach dem Faktor Vertrauen im Schulmanagement kann optimal nur von einer sehr kleinen Gruppe von Experten beantwortet werden: der Schulleiterin oder dem Schulleiter, weil sie/er die Gesamtverantwortung für die Schule trägt. Gerade in diesem Feld der Sozialforschung bietet sich daher die Qualitative Inhaltsanalyse nach Mayring an, um leitfadengestützte Experteninterviews systematisch, also regelgeleitet und theoriebasiert, zur Informationsbeschaffung zu nutzen und auszuwerten. Die qualitative Inhaltsanalyse ist ein verbreitetes Verfahren in der Sozialwissenschaft. Es ermöglicht die Analyse von qualitativen Daten.

> „Zusammenfassend will also Inhaltsanalyse:
>
> - Kommunikation analysieren.
> - fixierte Kommunikation analysierenden dabei systematisch vorgehen.
> - dabei also regelgeleitet vorgehen.
> - dabei auch theoriegeleitet vorgehen.
> - das Ziel verfolgen, Rückschlüsse auf bestimmte Aspekte der Kommunikation zu ziehen.
>
> Da sie dabei nicht nur Inhalte der Kommunikation zum Gegenstand hat, (...) wäre wohl genauer *kategoriengeleitete Textanalyse.*" (Mayring 2015, S. 13)

3.1 Methodische Entscheidungen

Für das praktische Vorgehen beschreibt Mayring ein allgemeines inhaltsanalytisches Ablaufmodell (Mayring

2015, S. 54 ff.), das die Schritte der qualitativen Inhaltsanalyse aufzeigt, das im Folgenden Grundlage der empirischen Arbeit ist:

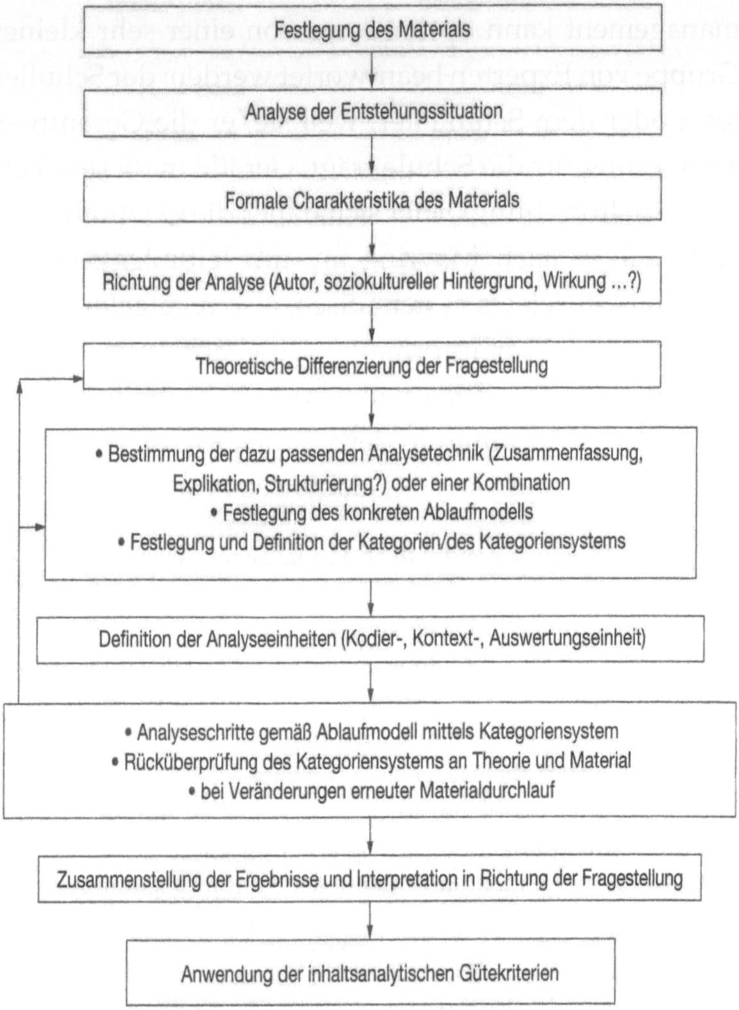

Abbildung 5: Allgemeines inhaltsanalytisches Ablaufmodell (Mayring 2015, S. 62)

3.2 Entwicklung des Interviewleitfadens

Der Interviewleitfaden folgt den Ausführungen der theoretischen Vorarbeit und muss die verschiedenen Aspekte des Faktors Vertrauen berücksichtigen.

Dazu gehört die grundsätzliche Frage nach der Bedeutung von Vertrauen im Schulmanagement im Allgemeinen und im Führungshandeln. Dabei soll auch untersucht werden, ob Vertrauen thematisiert wird oder ob es eher als fungierendes Vertrauen prä-reflexiv vorausgesetzt ist.

Der folgende Abschnitt des Interviewleitfadens fokussiert mögliche positive Aspekte von Vertrauen wie die Stärkung der Handlungssicherheit und der Resilienz, und dies einerseits der einzelnen Person und andererseits des Systems der Einzelschule. Zudem ist zu klären, ob zu vertrauen das Vertrauen stärkt im Sinne einer self fulfilling prophecy.

Der dritte Abschnitt geht auf mögliche Schwierigkeiten von Vertrauen im Schulmanagement ein. Dazu gehören die Fragen nach den Grenzen des Vertrauens, über mögliche Schäden bis dahin, ob es gar ein Risiko sein kann zu vertrauen. Ferner ist zu klären, inwiefern Kontrolle notwendig ist. Ergänzend kommen Fragen nach den möglichen Maßnahmen der Vertrauensbildung hinzu, wiederum für die einzelne Person wie auch hinsichtlich des Gesamtsystems einer Schule.

Der Interviewleitfaden schließt mit der Differenzierung zwischen Vertrautheit und Vertrauen ab und ob und inwiefern dieses Verhältnis problematisch sein kann.

Aus diesen Vorüberlegungen entstand der folgende Interviewleitfaden:

Experten-Interview, Leitfaden
Schulleitungen

0. Ist „Vertrauen im Schulmanagement" für Sie ein Thema Ihrer Arbeit als Schulleiter? Inwiefern?
1. Welche Bedeutung hat „Vertrauen" im Schulmanagement/ in Ihrem Führungshandeln?
2. Stärken Sie vertrauensvolle Zusammenarbeit? Wie genau machen Sie das? (Stärkt zu vertrauen das Vertrauen?)
3. Hängen Handlungssicherheit von Lehrkräften und Vertrauen gegenüber diesen zusammen? Wie?
4. Stärkt Vertrauen die Resilienz des Systems Schule? Inwiefern?
5. Wo stößt vertrauensvolle Zusammenarbeit in der Schule an Grenzen?
6. Kann Vertrauen schädlich sein?
7. Was beschädigt Vertrauen?
8. Welche Maßnahmen sind vertrauensbildend für den Einzelnen?
9. Welche Maßnahmen sind vertrauensbildend für das System Schule?
10. Ist es ein Risiko zu vertrauen? Inwiefern?

ggf. Zusatz: Ist Vertrautheit für professionelles Vertrauen problematisch?

Praktisch wurde der Interviewleitfaden im Vorfeld etwa zwei bis vier Wochen vor dem Gesprächstermin den Interviewpartnern/-innen zugesendet. So wurde den Schuleitern/-innen die Möglichkeit gegeben, sich schon gedanklich darauf vorzubereiten, und sie waren nicht gezwungen, spontan zu antworten. Dabei ist auch die Überlegung relevant, dass so die Reflexionstiefe der Antworten steigen könnte.

3.3 Qualitative Inhaltsanalyse

3.3.1 Festlegung des Materials

Der Analyse liegen fünf Interviews mit je einer Schulleiterin oder einem Schulleiter zu Grunde, die jeweils etwa 30min. dauerten.

	Interview	**Schultyp**	**Jahre im Amt als Schulleiter/in**	**Anzahl päd. Personal**	**Anzahl Schüler/-innen**
1	Z	Gymnasium	7	75	770
2	J	Grundschule	4	50	420
3	D	Sekundarschule	8	140	1260
4	R	Sekundarschule	10	60	570
5	E	Grundschule	8	80	650
	Summe	*5 Schulen*	*37*	*405*	*3670*

Die Schulleiter/-innen sind jeweils seit mehreren Jahren im Amt und repräsentieren insgesamt fast 40 Jahre Leitungserfahrung. Sie sind für über 400 Personen Dienstvorgesetzte und für ca. 3700 Schülerinnen und Schüler verantwortlich. Die Buchstaben Z-J-D-R-E sind Kürzel zur Anonymisierung der Interviewpartner/-innen. Das Interview „E" wurde per „Arbeits-Du" geführt, da die Schulleiterin dem Autor aus einem anderen Arbeitszusammenhang (Schulinspektion) bekannt ist.

3.3.2 Analyse der Entstehungssituation

Die Experteninterviews sind vom Autor dieser Arbeit jeweils im Einzelgespräch im Amtszimmer des jeweiligen Gesprächspartner ohne nennenswerte Störungen von außen und innerhalb von zwei Wochen entstanden. Die Gesprächssituation war stets sachlich und inhaltszentriert und von gegenseitiger Wertschätzung geprägt. Alle Interviewpartner/-innen hatten den Leitfaden vorab gelesen und sich, z.T. mit Notizen, gedanklich mit den Fragestellungen im Vorfeld beschäftigt.

3.3.3 Formale Charakteristika

Das Material wurde mit einem Smartphone in jeweils einer Datei pro Interview aufgenommen, zunächst computergestützt und mit anschließender manueller Korrektur transkribiert. Die Transkription folgt dabei dem einfachen Modell von Drehsing und Pehl (2015, S.21 ff.). Alle Interviews haben eine Länge von etwa einer halben Stunde und umfassen transkribiert im Schnitt ca. 9 Seiten Text in Schriftgröße 10pt[10].

---

[10] Die anonymisierte, aber ungekürzte Original-Fassung der Interviews kann in wortgetreuer Transkription beim Autor angefordert werden unter schulmanagement-bilan@posteo.org.

3.3.4 Richtung der Analyse

Der Fokus der Analyse lag stets auf der Frage nach dem Faktor Vertrauen im Schulmanagement in allen seinen Ausprägungen, Erscheinungsformen, der Bedeutung und damit verbundener Maßnahmen aus der Perspektive der jeweiligen Schulleitungsperson. Neben den expliziten, rationalen Ausführungen sind stets auch die emotionale Komponente und eine mögliche Argumentation ex negativo berücksichtigt worden.

3.3.5 Theoriegeleitete Differenzierung der Fragestellung

Die Anbindung an die theoretischen Grundlagen geschah in zwei Stufen. Einerseits folgte der Interview-Leitfaden bereits den theoretischen Vorüberlegungen, andererseits erfolgt die Entwicklung der induktiven Kategorien im Zusammenspiel mit den theoretischen Vorüberlegungen. So weit wie möglich soll dieses Vorgehen Licht ins Dunkel der Analyse bringen und Krippendorf widersprechen, wenn er sagt, Kategorienbildung sei „an art. Little is written about it“ (Krippendorf 1980, S. 76). Vielmehr folgt die Arbeit Mayring:

> „Theoriegeleitetheit heißt nun, an diese Erfahrungen anzuknüpfen, um einen Erkenntnisfortschritt zu erreichen.“ (Mayring 2015, S. 60)

3.3.6 Bestimmung der Analysetechnik

Als Analysetechnik wird in dieser Arbeit die zusammenfassende Inhaltsanalyse gewählt, weil sie in besonderem Maße für eine eigenständige induktive Kategorienbildung geeignet ist:

> „Eine induktive Kategoriendefintion hingegen leitet die Kategorien direkt aus dem Material in einem Verallgemeinerungsprozess ab (...)" (Mayring 2015, S. 85)

So bietet die zusammenfassende Inhaltsanalyse mit der induktiven Kategorienbildung optimale Voraussetzungen, diese den theoretischen Grundlagen gegenüberzustellen.

Das Ablaufmodell der zusammenfassenden Inhaltsanalyse beschreibt Mayring so:

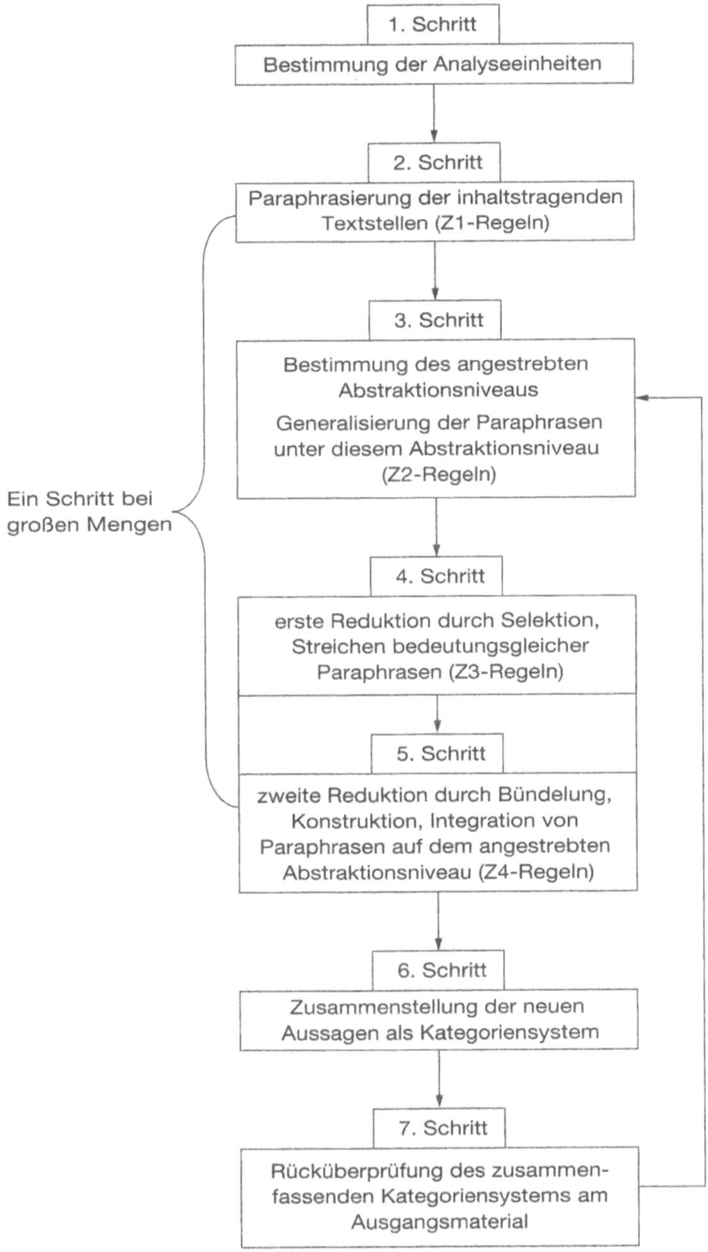

Abbildung 6: Ablaufmodell zusammenfassende Inhaltsanalyse (Mayring 2015, S. 70)

In dieser Arbeit wurden dazu aus den Einzelinterviews zunächst die Passagen identifiziert, die als Analyseeinheit genutzt wurden. Dazu wurden alle Textabschnitte unverändert aufgenommen, die in beliebiger Art und Weise den Faktor Vertrauen im Schulmanagement behandeln. Der Bereich der Auseinandersetzung mit den Schulleitungen und der Schulaufsicht wurde nicht aufgenommen, sondern der Fokus lag ausschließlich auf dem Verhältnis zwischen der Schulleiterin/ dem Schulleiter und dem pädagogischen Personal. Ferner wurden einzelne Geschehnisse, die in den Interviews als Beispiele dienten und aus dem individuellen Erfahrungshorizont des Interviewpartners kamen, nicht berücksichtigt.

Anschließend wurden die Paraphrasierung, Generalisierung und die erste Reduktion gemäß den Interpretationsregeln (Z-Regeln) nach Mayring (Mayring 2015. S. 72) durchgeführt. Diese Analyseschritte wurden in einem Schritt zusammengefasst:

> „Vor dem Herausschreiben jeder neuen generalisierten Paraphrase wird überprüft, ob sie nicht schon in den bisherigen enthalten ist, ob sie nicht mit den anderen generalisierten Paraphrasen in Bezug steht, sodass sie bündelbar, konstruierbar, integrierbar zu einer neuen Aussage ist." (Mayring 2015, S. 72)

Die zweite Reduktion erfolgte dann als nächster Schritt, um dann zu der Zusammenstellung der neuen Aussagen als Kategoriensystem zu kommen (s. Anhang). Abschließend erfolgte die Rücküberprüfung des zusammenfassenden Kategoriensystems am Ausgangsmaterial.

3.4 Auswertung der Experteninterviews

Die Auswertung erfolgte nun, indem das gesamte Kategoriensystem im Zusammenspiel mit den induktiv erarbeiteten Kategorien im Sinne der Fragestellung nach dem Faktor Vertrauen im Schulmanagement interpretiert wird, um eine Gesamtbetrachtung zu ermöglichen. Eine tabellarische Zusammenstellung der Kategorien aller Einzelinterviews (K1 bis K113). Die resultierenden induktiven Kategorien (IK1 bis IK23) ergaben folgende Zusammenstellung:

Induktive Kategorien (IK)

Bedeutung von Vertrauen im Schulmanagement
IK1
Vertrauen ist im Schulmanagement unabdingbar, sowohl rationale Entscheidung als auch intuitiv-emotional.
IK2
Vertrauen wird nicht ständig thematisiert, ist aber ständig präsent als zugrundeliegendes positives und optimistisches Menschenbild.
IK3
Vertrauen wird sichtbar

- in belastenden Situationen
- im Umgang mit Fehlern
- bei schwierigen Entscheidungen
- und für neue Lehrkräfte

Vertrauensbildende Maßnahmen
IK4
Vertrauensbildende Maßnahmen sind:
- persönliche Kommunikation
- transparente Entscheidungen
- gelebte Fürsorge
- hohe Zuverlässigkeit
- hohe Wertschätzung
- gelebte Solidarität
- klare Strukturen
- Delegation ohne Mikromanagement
- Nichteinmischung/ Loslassen/ Raushalten

Vertrauen in das Leitungsteam
IK5
Der Vertrauensbegriff innerhalb des Schulleitungsteams unterliegt besonders hohen Anforderungen.

Entwicklungsperspektiven von Vertrauen
IK6
Vertrauen entwickelt eine Eigendynamik, die sich reziprok als self fulfilling prophecy verstärken kann.
IK7
Die Gewissheit, Vertrauen zu genießen, stärkt die Handlungssicherheit von Lehrkräften.
IK8
Reziprokes Vertrauen stärkt die Resilienz des Systems und damit die Gesunderhaltung der Mitarbeitenden.
IK9
In einem vertrauensvollen Arbeitsverhältnis ist es möglich, Fehler einzugestehen und zu verzeihen.
IK10
Die Summe und die Dauer der positiven Erfahrungen stärkt das Vertrauen.
IK11
Vertrauensbildend wirken
- Authentizität
- persönliche Gespräche
- Partizipation
- Ehrlichkeit
- Transparenz
- Nahbarkeit

Beschädigung von Vertrauen
IK12
Vertrauen kann missbraucht werden.
IK13
Vertrauen schwindet bei permanenter Kontrolle, Enttäuschungen und Unterstellungen.

Grenzen der vertrauensvollen Zusammenarbeit
IK14
Vertrauensvolle Zusammenarbeit wird durch die Hierarchie begrenzt.
IK15
Die Grenzen des Vertrauens der Schulleitung werden bei Illoyalität erreicht. Das zeigt sich besonders in übler Nachrede, Hintergehen und wiederholtem, vorsätzlichem Fehlverhalten.
IK16
Grenzüberschreitender Missbrauch des Vertrauens insbesondere im persönlichen Bereich wird nicht vergessen.
IK17
Kein Vertrauen zu haben, erzeugt Angst.
IK18
Das Risiko professionellen Vertrauens ist gering.

Vertrauensbildung in das System der Einzel-Schule
IK19
Die Summe der vertrauensbildenden Maßnahmen ist die Grundlage für Vertrauen in das System der Einzelschule.
IK20
Vertrauen in das System der Einzelschule zeigt sich darin, dass Vertrauen nicht gesondert thematisiert wird, darin, dass „es läuft" und die Atmosphäre gut ist.
IK21
Es ist unsicher, ob gemeinsame Erlebnisse in einem außerschulischen Kontext Vertrauen fördert.
IK22
Vertrauensvolle Zusammenarbeit muss vorgelebt werden

Vertrautheit vs. Vertrauen
IK23
Vertrautheit kann aufgrund des Rollenwechsels in die Leitungsfunktion Konfliktpotential bedeuten.

3.4.1 Bedeutung von Vertrauen im Schulmanagement

Die Schulleiterinnen und Schulleiter betonten einhellig die überragende Bedeutung von Vertrauen im Schulmanagement. Vertrauen ist im Schulmanagement unabdingbar, sowohl als rationale Entscheidung als auch intuitiv-emotional (IK1). Ohne Vertrauen sei es gar nicht möglich als Schulleiter/-in zu arbeiten. Vertrauen sei unabdingbar (K1und K73), bedeutsam (K2), zwingend notwendig (K74), elementar (K89) und entscheidet über Erfolg und Misserfolg im Schulmanagement (K91). Allerdings wird auch eingestanden, dass z.T. gar keine Alternative bestehe als zu vertrauen (K90). Sie nennen hier auch die Aspekte, dass Vertrauen einerseits eine rationale Entscheidung (vgl. K54) sei, andererseits intuitiv-emotional (K95).

Im Sinne fungierenden Vertrauens wurde gesagt, dass Vertrauen zwar ständig präsent sei, aber keineswegs dauernd thematisiert werde; zugrunde liege ein positives und optimistisches Menschenbild (IK2). Indikatoren seien dabei eine gute Arbeits-Atmosphäre, besonnene Entscheidungen, die Erleichterung schwieriger Prozesse und eine produktive Fehlerkultur (K71, K67, K61, K57).

Vertrauen wird insgesamt aber erst in belastenden Situationen, bei der Frage nach dem Umgang mit Fehlern und bei schwierigen Entscheidungen sichtbar, aber auch wenn neue Lehrkräfte in der jeweiligen Schule anfangen (IK3). Die Zusicherung von vertrauensvoller Zusammenarbeit von Seiten der Schulleiterinnen und Schulleiter ist sehr weitgehend und integriert eine umfangreiche Fehlertoleranz, sofern auch schwere Fehler eingestanden werden (K37). Kontrollen finden statt, aber Mikromanagement wird vermieden (K75).

Hier zeigt sich sehr deutlich, dass Vertrauen im Schulmanagement als entscheidend wahrgenommen wird, ohne die keine Schulleitung arbeiten könne. Durch die hohe Fehlertoleranz und dadurch, dass es manchmal ohne Alternative bleibt zu vertrauen, zeigt sich schon, dass die Schulleitungen zwar sehr weitgehend Vertrauen gewähren, aber in vielen Fällen so unmittelbar gebunden sind.

3.4.2 Vertrauensbildende Maßnahmen

Die vertrauensbildenden Maßnahmen, die die Schulleiterinnen und Schulleiter benennen, sind allesamt wertebasiert. Nur „J" benennt auch einzelne praktische Maßnahmen (Kollegiumsausflüge) als hilfreich, während „Z" genau diese Art von praktischen Maßnahmen in ihrer Wirkung skeptisch sieht.

Die wichtigste Maßnahme ist das Delegieren, indem Aufgaben und die Verantwortung weitgehend abgegeben werden (K2, K76). Das Vertrauen zeigt sich insbesondere darin, dass die Schulleitung sich dann ganz raushält, und es also zwingend ist, kein Mikromanagement zu betreiben (K3), sonst muss die Schulleitung die Aufgabe alleine übernehmen (K77). Kompetenzen und Fähigkeiten stärken das Vertrauen (hier gezeigt im Rahmen der Personalauswahl in K78). Die moralische Integrität ist für die Schulleitungen aber eindeutig der wichtigste Bereich, der sich in persönlicher Kommunikation, transparenten Entscheidungen, gelebter Fürsorge, hoher Zuverlässigkeit, hoher Wertschätzung und insgesamt gelebter Solidarität widerspiegelt (IK4). Hier zeigt sich das reziproke Abhängigkeitsverhältnis von vertrauensvoller Zusammenarbeit, weil die Interviewpartner/-innen diese Maßstäbe sowohl an sich selbst anlegen als auch von ihren Mitarbeitern/-innen erwarten. Außerdem wirken die Breite, die Summe und die Qualität der Verhaltensweisen offenbar als vertrauensbildende Maßnahmen und verweisen so auf die Komplexität, auf der Vertrauen beruht – und eben diese reduzieren hilft. Einfache „Rezepte" sind also unmöglich.

3.4.3 Vertrauen in das Leitungsteam

Der Vertrauensbegriff innerhalb des Schulleitungsteams unterliegt besonders hohen Anforderungen (IK5). Dieses Vertrauensverhältnis muss besonders ausgeprägt sein (K5), ist besonders intensiv (K39) und besonders persönlich (K81). Aber es ist auch davon abhängig, in wie weit die Mitglieder des Leistungsteams ihre Rolle als Führungspersönlichkeit schon eingenommen haben (K114).

Die Äußerungen der Schulleitungen deuten darauf hin, dass hier der Vertrauensbegriff sehr eng gefasst ist, so eng gewünscht ist und in Richtung ‚blindes Vertrauen' geht: „Ich kann also, das geht ohne Worte und das war einfach, wir waren ein perfektes Team" (Interview „E", #00:38:25-0#).

3.4.4 Entwicklungsperspektiven von Vertrauen

Vertrauen zu gewähren und Vertrauen zu genießen, bedeutet für Schule eine Vielzahl von Entwicklungsperspektiven. Die Schulleitungen bestätigen einhellig, dass sich zu vertrauen wiederum Vertrauen verstärkt: Vertrauen entwickelt eine Eigendynamik, die sich reziprok als self fulfilling prophecy verstärken kann (IK6). Vertrauensbildend wirken dabei die Authentizität und Nahbarkeit der Schulleitung, Partizipation der Mitarbeiter/-innen, Ehrlichkeit und wiederum persönliche Gespräche und Transparenz (IK11). Hier zeigt sich eine große Überscheidung zu den o.g. Maßnahmen, die noch um die Partizipation der Lehrer/-innen ergänzt wird. Offenbar zeigt sich hier, dass die Summe und die Dauer der positiven Erfahrungen das Vertrauen in das System der Einzelschule insgesamt stärken (IK10). Aber der Wille und die Ernsthaftigkeit von Seiten der Schulleiterin oder des Schulleiters dementsprechend zu handeln und Taten folgen zu lassen, ist entscheidend (K19).

Die Entwicklung von Vertrauen wird mit weiteren Aspekten verbunden: Größerer Handlungssicherheit der Lehrkräfte, höherer Resilienz des Einzelnen und des Systems Schule und ein lösungsorientierter Umgang mit Fehlern (IK7, 8 und 9):

- Die Gewissheit, Vertrauen zu genießen, stärkt die Handlungssicherheit von Lehrkräften (IK7).

- Reziprokes Vertrauen stärkt die Resilienz des Systems und damit die Gesunderhaltung der Mitarbeitenden (IK8).
- In einem vertrauensvollen Arbeitsverhältnis ist es möglich, Fehler einzugestehen und zu verzeihen (IK9).

3.4.5 Beschädigung von Vertrauen

Die Schulleiterin „J" stellt nüchtern fest, dass der Vertrauensmissbrauch zum Vertrauen dazugehört (K72). Aber auch wenn Vertrauen missbraucht werden kann (IK12), schwindet Vertrauen offenbar nur schrittweise (K85). Es liegt nahe, dass bei schwindendem Vertrauen die sozialen und persönlichen Kosten der fehlenden Reduktion von Komplexität sehr schnell sehr hoch werden, was die Dynamik des Vertrauensverlustes verlangsamt.

So schwindet Vertrauen auf Seiten der Schulleitungen bei Enttäuschungen und Unterstellungen (IK13), auf Seiten der Lehrkräfte aufgrund mangelnder Wertschätzung durch die Schulleitung, z.B. durch Ablehnung der Ergebnisse von Kollegen/-innen, wenn die Sinnhaftigkeit übertragener Aufgaben nicht erkennbar ist, und besonders, wenn die Schulleitung Mikromanagement betreibt und permanent kontrolliert (K29, K97). Vertrauen wird allerdings erst vermindert, wenn der Vertrauensvorschuss aufgebraucht ist. Vertrauen selbst hingegen kann nicht schädlich sein (K96).

3.4.6 Grenzen der vertrauensvollen Zusammenarbeit

Für den Schulleiter „Z" ist klar, dass vertrauensvolle Zusammenarbeit durch die Hierarchie begrenzt wird, also der Schulleiter von seinem Weisungsrecht Gebrauch macht (IK14, K13), was sich in den weiteren Interviews jeweils wiederfindet. Diese Grenze wird für alle Interviewpartner/-innen bei Illoyalität klar erreicht. Das zeigt sich besonders in übler Nachrede, Hintergehen und wiederholtem, vorsätzlichem Fehlverhalten (IK15). Hier wird offenkundig die Integrität der Schulleitung angegriffen, die aber ein zentrales Fundament für die Vertrauenswürdigkeit ausmacht (vgl. 3.4.2). So steht damit die vertrauensvolle Zusammenarbeit insgesamt auf dem Spiel und wird risikobehaftet: Kein Vertrauen zu haben, erzeugt Angst (IK17). Alle Interviewpartner/-innen sind sich dessen sehr bewusst, wohl weil es sie als Schulleiter/-in grundsätzlich in Frage stellt: Denn Vertrauen entscheidet über Erfolg und Misserfolg im Schulmanagement (K91).

Insbesondere grenzüberschreitender (oder sogar öffentlicher, K107) Missbrauch des Vertrauens insbesondere im persönlichen Bereich wird nicht vergessen (IK16).

Dennoch sind die Grenzen des Vertrauens sehr, sehr weit (K64), was schon in 3.4.5 diskutiert wurde. Vertrauen kann aufgrund der hohen Kosten also nur sehr eingeschränkt entzogen werden.

Die Gefahren für die Schulleitung durch den Missbrauch von professionellem Vertrauen werden allerdings als gering eingeschätzt (IK18). Denn mit dem Gewähren von Vertrauen geht immer eine Risikoabwägung einher (K49), die Schulleitung verfügt über mehr Herrschaftswissen, als sich die Lehrkräfte vorstellen können, was das Vertrauen begrenzt, wenn das Vorwissen negativ ist (K14) und mit dem Vertrauen geht auch ein wesentlicher Teil der Verantwortung für eine Aufgabe auf die jeweilige Lehrkraft über, was die Schulleitung entlastet. Nicht zuletzt ist zu sagen, dass Vertrauensmissbrauch hart sanktioniert werden kann – von der Schulleitung (K106), aber auch vom Kollegium selbst (K103). Wenn das Gesamtsystem Schule stabil ist, wird es fehlertoleranter und die Tragweite eines Vertrauensbruchs wird geringer (K111).

3.4.7 Vertrauensbildung in das System der Einzel-Schule

Die Frage nach der Vertrauensbildung in das System der Einzel-Schule war für mehrere Schulleiter/-innen nicht einfach zu beantworten. Die Komplexität der Fragestellung mag Ursache für diese Schwierigkeiten gewesen sein.

Für Schulleiter „Z" war die Antwort klar: Die Summe der vertrauensbildenden Maßnahmen ist die Grundlage für Vertrauen in das System der Einzelschule (K20 und IK19). Er bleibt damit konkret und im kognitiv-reflektierten Bereich von Vertrauen. Die Aussage

„Vertrauen in das System der Einzelschule zeigt sich darin, dass Vertrauen nicht gesondert thematisiert wird, darin, dass 'es läuft' und die Atmosphäre gut ist" (IK20) hingegen, kann als Ausdruck des fungierenden, prä-reflexiven Vertrauens gedeutet werden. Hier findet sich also genau die fachwissenschaftliche Diskussion wieder, wie in Abbildung 1 dieser Arbeit gezeigt. „Die Summe der Maßnahmen" lässt dem rational-kalkulierten Bereich zuordnen, „es läuft" dem habituellen und „die Atmosphäre" dem fungierenden Vertrauen.

Die Verantwortung für die Vertrauensbildung für das System Schule sahen die Interviewten stark bei sich selbst: Vertrauensvolle Zusammenarbeit muss vorgelebt werden (IK22), während es insgesamt unsicher war, ob gemeinsame Erlebnisse in einem außerschulischen Kontext Vertrauen fördert (IK21).

3.4.8 Vertrautheit vs. Vertrauen

In den Interviews wurde Vertrautheit und Vertrauen eher als Gegensatzpaar in einem Alltagsverständnis aufgenommen und wohl im Wesentlichen aus der individuellen Erfahrung heraus beantwortet, wie die geschilderten persönlichen Erfahrungen zeigen. Die Antworten erfolgten dann auf diesem Erfahrungshintergrund und lieferten zwar einzeln betrachtet klare Aussagen (K26, K73, K88), die aber kein homogenes Bild in der Zusammenschau ermöglichen. Während der Schulleiter „Z" klar sagt, dass Vertrautheit für professionelles Vertrauen ein Problem werden kann, wenn man die

Rolle als Schulleiter übernimmt und damit die Seiten wechselt, sieht es „R" anders: Vertrautheit spielt bei professionellem Vertrauen eher keine Rolle. „E" hingegen sieht die positiven Seiten von Vertrautheit, da es ermöglicht, sich ohne Wort zu verstehen.

Es bleibt bei der allgemeinen Feststellung, dass Vertrautheit aufgrund des Rollenwechsels in die Leitungsfunktion Konfliktpotential bedeuten kann (IK23).

4. Handlungsempfehlungen für Schulleitungen

Da professionelles Vertrauen aus Sicht der befragten Schulleiter/-innen nicht nur viele Vorzüge hat, sondern unverzichtbar ist, scheint es sehr empfehlenswert, sich dieser Tatsache genau bewusst zu sein oder zu werden, denn der Erfolg im Schulleitungshandeln hängt davon ab (S. K91). Zur Unterstützung in diesem Reflexionsprozess ist oft ein externer, vertrauenswürdiger Gesprächspartner hilfreich, wie ein Coach, ein anderer Schulleiter oder ähnliche Person. Da im Rahmen dieser Arbeit konzeptionell nur erfahrene Schulleitungen befragt wurden, trifft dieser Aspekt vermutlich in besonderem Maße auf neu berufene Schulleiter/-innen zu.

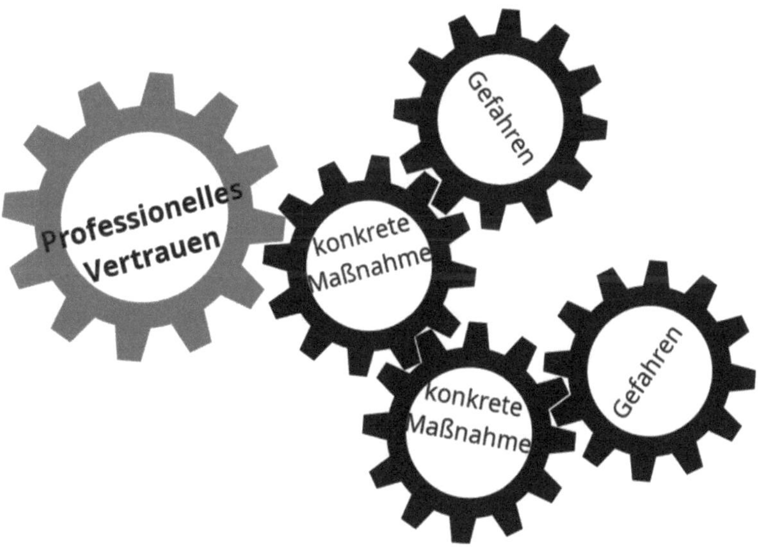

Professionelles Vertrauen in Lehrkräfte zu setzen, ist aus verschiedenen Perspektiven eine starke Strategie:

- Vertrauen entlastet von Komplexität. Die sehr komplexen sozialen Geschehnisse in Schule werden eher überschaubar, wenn die Lehrkräfte (und auch die Schulleitung) darauf vertrauen können, dass sie nicht alles jederzeit wissen müssen, sondern für sie gesorgt wird und sie exakt den Teil genau wissen, den sie für ihre Arbeit aktuell benötigen.
- Vertrauen erzeugt Handlungssicherheit. Lehrkräfte sind sich der Unterstützung der Schulleitung sicher und werden damit von der Sorge und dem Stress befreit, beweisen müssen, eine gute Lehrkraft zu sein. Diese Entlastung macht Kapazitäten frei, die für das Kerngeschäft, guten Unterricht zu erteilen, eingesetzt werden können.
- Fehler können leichter eingestanden werden. Sie können dann besprochen und ausgeglichen werden. Fehler werden handhabbar und erleichtern so das Erleben von Kohärenz, stärken also die Resilienz der Lehrkräfte.
- Vertrauen fesselt Mitarbeiter/-innen. Die Reziprozität von Vertrauen erzeugt eine verlässliche Bindung.
- Vertrauen ist kaum mit Risiko verbunden, weil die Kosten zu misstrauen sehr hoch sind und das Herrschaftswissen und die Weisungsbefugnis (K14) die Schulleitung letztlich sehr weitgehend stabilisieren.

- Vertrauen entlastet in gleichem Zuge die Schulleitung selbst. Enge Kontrollen im Rahmen eines Mikromanagements müssen sogar entfallen.
- Schwerer Vertrauensbruch, Illoyalität und Vorsatz müssen Konsequenzen haben (K104).

Daraus ergeben sich Empfehlungen für konkrete Maßnahmen:

- Die Schulleiterin oder der Schulleiter muss seinem Leitungsteam vertrauen. Alles andere wäre fatal (K5).
- Durch das Delegieren von Aufgaben und der Verantwortung für die Erledigung dieser beweisen Schulleitungen Vertrauen (K76) in die Lehrkräfte, die Lehrkräfte partizipieren, die Schulleitung entlastet sich selbst und gewinnt mehr Kapazitäten für andere Aufgaben des Schulmanagements.
- Das authentische und persönliche Gespräch einer nahbaren Schulleiterin oder eines Schulleiters, in dem Bereitschaft und Wille einer Lehrerin oder einem Lehrer gegenüber kommuniziert werden, Notwendiges zu tun, und tatsächlich Handlungen daraus folgen, bildet Vertrauen (K19).
- Die öffentliche Zusicherung von Solidarität mit den Lehrkräften, der dann bei entsprechendem Bedarf auch notwendige Handlungen folgen müssen, zeigt gelebte Fürsorge und hohe Wertschätzung für die Arbeit und bildet Vertrauen.
- Die Klarheit der Zuständigkeiten und Strukturen, die auch nachgehalten und gut kommuniziert werden müssen, erzeugen Sicherheit und Vertrauen ins Schulmanagement.

Es folgen daraus auch Aspekte, die vermieden werden müssen:

- Permanente Kontrollen im Rahmen eines Mikromanagements untergraben Vertrauen und müssen unterbleiben.
- Ergebnisse von Mitarbeiter/-innen, die nicht den Ansprüchen oder Vorstellungen der Schulleitung genügen, dürfen nicht pauschal abgelehnt werden (K97)
- Einer Lehrkraft eine Aufgabe wieder zu entziehen, zeigt, dass ihr misstraut wird, und muss vermieden werden. Eine Rückgabe der übertragenen Aufgabe durch die Lehrkraft hingegen sollte grundsätzlich möglich sein.
- Persönliche Gespräche zu verweigern, erzeugt Frustration und Misstrauen.
- Zusagen nicht in Taten umzusetzen, beschädigt die Glaubwürdigkeit und damit Vertrauen in die Schulleitung.
- Jemanden öffentlich zu diskreditieren, üble Nachrede und Unterstellungen zerstören Vertrauen, das nicht vergessen wird (K17).

5. Fazit und Ausblick

5.1 Fazit

Die Frage nach dem Faktor Vertrauen im Schulmanagement zu stellen, stellte sich als sehr lohnend und sehr komplex heraus. Dadurch, dass Vertrauen keine „technische“ Eigenschaft ist, die sich nach Rezepten und Anleitung herstellen lässt, musste zunächst der Begriff Vertrauen abgegrenzt und genau beschrieben werden. Mehrere grundlegende Arbeiten der Soziologen Luhmann, Endreß, Eberl und des Psychologen Schweer waren dazu besonders ergiebig. Eine eher einfache Definition kann zunächst nur ex negativo erfolgen, da fungierendes Vertrauen prä-reflexiv ist, und Vertrauen oft nicht explizit thematisiert wird, sondern erst dann besprochen werden muss, wenn es fehlt oder gar Misstrauen entstanden ist. Auch das Bedingungsgefüge für die allererste Entstehung von Vertrauen ist wissenschaftlich abschließend wohl kaum zu klären. Zwar lassen sich durchaus Faktoren, die Vertrauen begünstigen, zur Vertrauensbildung beitragen oder eben Vertrauen beschädigen, gut identifizieren, so wie es hier in der Arbeit geschehen ist. Wieso uns aber Menschen, die wir nicht kennen und bei denen wir nicht auf Vor-Erfahrungen zurückgreifen können, im ersten Moment bei der ersten Begegnung manchmal eher vertrauenswürdig und manchmal weniger vertrauenswürdig erscheinen, ist offen. Hier biochemische Prozesse o.ä. zu thematisieren, hätte den möglichen Rahmen dieser Arbeit weit überschritten. Da aber die Zusammenarbeit in Schule in der Regel über lange Zeiträume geschieht, konnte die Frage nach dem ersten Eindruck, unter dem Vertrauen entstehen kann, ohne Nachteile vernachlässigt werden. Außerdem lag das Interesse natürlich auf reproduzierbaren Erkenntnissen, die in der professionellen, vertrauensvollen und vertrauensbildenden Zusammenarbeit möglichst auch unter Belastung nutzbar sind. Diese Erkenntnisse kann die Arbeit bereitstellen.

Die Nutzung der Qualitativen Inhaltsanalyse nach Mayring ist ohne Zweifel geeignet, um die umfangreichen Interviews routinierter Schulleiter/-innen zusammenzufassen und im Anschluss aus dem Material induktiv Kategorien abzuleiten. Das Vorgehen war analytisch, systematisch, regel- und theoriegeleitet, sodass tragfähige Ergebnisse erarbeitet werden konnten, die in konkrete, praxisbasierte Handlungsempfehlungen für Schulleitungen münden konnten. Diese haben nun einerseits eine fundierte, theoretische Basis und sind andererseits unmittelbar mit dem Alltag im Schulmanagement verbunden. So sollte der weiterführenden Arbeit sowohl in der vertieften Theoriebildung als auch in der Praxis des Schulmanagements nichts entgegenstehen.

5.2 Ausblick

Für die Weiterführung der Arbeit zum Faktor Vertrauen im Schulmanagement bieten sich verschiedene Vorgehensweisen an. Der Schwerpunkt der hier berücksichtigten wissenschaftlichen Literatur lag in soziologischen Grundlagentexten. Eine Erweiterung in Richtung weiterer Sozialwissenschaften (Psychologie u.a.) könnte weitere Erkenntnisse bringen. Wie schon angedeutet, könnte es sehr aufschlussreich sein zu erforschen, wie das erste, vorerfahrungsfreie Vertrauen entsteht, auch um alle anschließenden möglichen vertrauensbildenden Maßnahmen in ihrer Wirksamkeit besser einschätzen zu können.

Die Qualitative Inhaltsanalyse hat sich zwar als sehr geeignet herausgestellt, aber sie kann keine Aussagen treffen, wie es ein quantitatives Forschungsdesign könnte. Eine quantitative Überprüfung der Handlungsempfehlungen wäre sicherlich interessant, auch weil dann nach spezifischen Eigenschaften der Interviewpartner differenziert werden könnte. Welche Rolle für den Faktor Vertrauen im Schulmanagement spielen die Erfahrung der/s Schulleiters/-in, das Geschlecht, der Schultyp, der sozialräumliche Standort, die Größe des Kollegiums etc.?

Auch eine Vertiefung der Handlungsempfehlungen in der Praxis wären interessant. Wie müsste ein spezifisches Coaching für Schulleitungen aussehen, dass besonders den Faktor Vertrauen fokussiert?

Da ließe sich noch einiges tun. Denn der Faktor Vertrauen im Schulmanagement ist zentral. Vertrauen oder selbst erledigen: Tertium non datur (K4).

Man zog ihn ins Vertrauen.
Nun sitzt er darin gefangen.

André Brie (*1950)

6. Literaturverzeichnis

Adamczyk, J. (2020). Vertrauen von Eltern in die Institution Schule. Eine explorative empirisch-qualitative Untersuchung über die Vertrauensbeziehung zwischen Eltern schulpflichtiger Kinder und der Schule. Dissertation FU Berlin. https://refubium.fu-berlin.de/bitstream/handle/fub188/26807/Dissertation_Adamczyk.pdf - 05.10. 2020

Antonovsky, A. (1993). The structure and properties of the sense of coherence scale. Social science & medicine, 36(6), 725-733

Antonovsky, A. (1996). The salutogenic model as a theory to guide health promotion. Health promotion international, 11(1), 11-18.

Arnold, R. et al.: Individuen und Organisationen als Lernende. Studienbrief SM0130. Schulmanagement. Kaiserslautern ²2019

Bothe, J.: Führungskultur und Supportive Leadership. Wiesbaden 2020

Child, J. et al.: Contextual confidence and active trust development in the Chinese business environment. S. 69–80 in Organization Science 14 (2003)

Coleman, J.S.: Foundations of Social Theory. Cambridge 1990

Drehsing, T.; Pehl, T.: Praxisbuch Interview, Transkription & Analyse. Anleitungen und Regelsysteme für qualitativ Forschende. 6. Auflage. Marburg, 2015

Endreß, M.: Vertrauen. Bielefeld 2002

Endreß, M.: Vertrauen und Misstrauen – Soziologische Überlegungen. In Schilcher, C. et al. (Hg.), Vertrauen und Kooperation in der Arbeitswelt (S. 81–102). Wiesbaden 2012

Fabel-Lamla, M.: Schule – Vertrauen im Kontext schulischer Bildung. In: Schweer, K.W.: Facetten des Vertrauens und Misstrauens. Herausforderungen für das soziale Miteinander. Wiesbaden 2022, S. 175-200

Hartman, M. et al. (Hg.): Vertrauen. Die Grundlage des sozialen Zusammenhalts. Frankfurt a. M. 2001

Holzheu, H.: Vertrauen gewinnen. Heidelberg 2010

Horster, L.: Change Management und Organisationsentwicklung. Studienbrief SM0220. Schulmanagement. Kaiserslautern [2]2011.

Krause, D.: Macht und Vertrauen in Innovationsprozessen. 2. Aufl. Wiesbaden 2010

Luhmann, N.: Vertrauen. Ein Mechanismus der Reduktion sozialer Komplexität. 2. Erw. Aufl. Stuttgart 1973. s. http://www.derdieckmann.de/blog/luhmann-niklas-vertrauen-ein-mechanismus-der-reduktion-so-zialer-komplexitat-2-erw-aufl-stuttgart-1973 – 15.10.2022

Luhmann, N., Was ist Kommunikation?, in: ders., Soziologische Aufklärung 6. Die Soziologie und der Mensch, Wiesbaden 2005, S. 109-120.

Luhmann, N.: Vertrauen. 5. Aufl. München 2014

Luhmann, N.: Vertrautheit, Zuversicht, Vertrauen: Probleme und Alternativen. In: Hartman, M. et al. (Hg.): Vertrauen. Die Grundlage des sozialen Zusammenhalts. Frankfurt a. M. 2001, S. 143-160

Mayer, R. et al.: An Integrative Model of Organizational Trust. S. 709–734 in Academy of Management Review 20, 1995

Mayring, M. (Hg.): Vertrauen – zwischen sozialem Kitt und der Senkung von Transaktionskosten. Karlsruhe 2010

Paschen, M.: Führen mit Charisma - Sinnstiftung und Vertrauensbildung. In: Au, C. von: Struktur und Kultur einer Leadership-Organisation. Wiesbaden 2017

Röbken, H. et al.: Schulorganisation und Schulmanagement. Studienbrief SM0230. Schulmanagement. Kaiserslautern 2016

Schmidt, C: Risiko und Vertrauen. Wiesbaden 2021

Schmiedel, M: Trust-based Leadership - Führen durch Vertrauen. Wiesbaden 2017

Schön, W.: Vertrauen, die Führungsstrategie der Zukunft. Heidelberg 2020

Garfinkel, H.: A Conception of, and Experiments with ,Trust' as a Condition of Stable, Concerted Actions. S. 187–238 in Harvey, O.J. (Hrsg.): Motivation and Social Interaction. Cognitive Determinants. New York 1963

Schweer, K.W. (Hg.): Facetten des Vertrauens und Misstrauens. Herausforderungen für das soziale Miteinander. Wiesbaden 2022

Simmel, G.: Philosophie des Geldes. In: Ders.: Gesamtausgabe Bd.6 hsrg. v. Frisby, D. et al. Frankfurt/ Main 1989

Sommerlatte, T. et al.: Quintessenz der Vertrauensbildung. Heidelberg 2012

Vollmar, J. et al. (Hg.): Macht des Vertrauens. Wiesbaden 2013

Werry, K.-D.: Die Kultur des Vertrauens - ein filigranes Geflecht. In: Ders.: Führung. Wiesbaden 2012, S. 172ff.

Wimmer, H.: Initiales Vertrauen in die Führungskraft. In: Ringlstetter, M. (Hg.): Schriften zur Unternehmensentwicklung. Ingolstadt 2016

7. Anhang

Interview „Z“	Interview „J“	Interview „D“	Interview „R“	Interview „E“	Induktive Kategorien (IK)
Bedeutung von Vertrauen im Schulmanagement					
K1 Vertrauen ist unabdingbar, um Schulleiter zu sein. Vertrauen ist ständig ein Thema.	K27 Vertrauen ist ein bedeutendes Thema.	K53 Vertrauen ist in allen Richtungen unabdingbar, auch wenn es nicht „jeden Tag so hochploppt“.	K74 Vertrauen ist im Schulmanagement zwingend notwendig und zeigt sich als gemeinsames Handeln.	K89 Vertrauen ist ein sehr elementares Thema für die Schulleitung.	IK1 Vertrauen ist im Schulmanagement unabdingbar, sowohl rationale Entscheidung als auch intuitiv-emotional.
K11 Die Basis des Vertrauens ist ein zugrunde liegendes positives und optimistisches Menschenbild.	K37 Wenn Kollegen schwere Fehler machen, sollen sie dazu stehen, um dann wieder Solidarität und Vertrauen zu erfahren.	K54 Es ist sehr rational zu vertrauen, weil sonst alles überwacht und kontrolliert werden müsste.	K75 Vertrauen bedeutet, dass Kollegen selbstständig handeln und die Schulleitung nur wenig kontrollieren muss.	K95 Vertrauensvolle, professionelle Zusammenarbeit ist oft intuitiv.	IK2 Vertrauen wird nicht ständig thematisiert, ist aber ständig präsent als zugrundeliegendes positives und optimistisches Menschenbild.

K25 Ohne Vertrauen hätte die Arbeit als Schulleiter keinen Tiefgang, sondern wäre armselig.		K57 Gegenseitiges Vertrauen erzeugt die nötige Besonnenheit in belastenden Situationen.			IK3 Vertrauen wird sichtbar - in belastenden Situationen - im Umgang mit Fehlern - bei schwierigen Entscheidungen - und für neue Lehrkräfte
		K61 Gegenseitiges Vertrauen erleichtert den gemeinsamen Umgang mit Fehlern.		K90 Zu vertrauen kann zwingend sein, wenn es keine andere Möglichkeit gibt.	
		K67 Vertrauen kann schwierige schulische Entscheidungsprozesse erleichtern.		K91 Vertrauen entscheidet über Erfolg und Misserfolg im Schulmanagement.	

		K70 Das Vertrauen in die Schule wird besonders den neuen Kollegen bewusst.			
		K71 Vertrauen zeigt sich auch in guter Atmosphäre, ohne dass man sich dessen täglich bewusst wäre.	K79 Kollegen zu vertrauen bedeutet für die Schulleitung, resilient zu leben.		

Vertrauensbildende Maßnahmen					
K2 Vertrauen zeigt sich besonders, indem Schulleitungen Aufgaben delegieren.	K28 Vertrauen ist eng verbunden mit Loyalität, Fürsorge, Zuverlässigkeit und Transparenz.	K58 Vertrauen muss kommuniziert werden und hängt dann vom konkreten Handeln ab.	K76 Arbeit zu delegieren ist ein Vertrauensbeweis.	K96 Zu vertrauen bedeutet Verantwortung abzugeben. Jemandem, der es annimmt, Verantwortung zu übertragen, bedeutet Wertschätzung und Anerkennung.	
K3 Es ist zwingend notwendig, kein Mikromanagement betreiben, sodass sich die Lehrkräfte nicht kontrolliert fühlen. Mikromanagement bedeutet Misstrauen, das dazu führt, dass Lehrkräfte keine Aufgaben mehr	K52 Wertschätzung, Identifikation und Solidarität zwischen Schulleitung und Kollegium sind wichtige Faktoren für Vertrauen.		K77 Nicht zu vertrauen bedeutet, dass man die Aufgabe alleine machen muss.	K109 Vertrauensbildende Maßnahmen sind - individuelle Gespräche - klare Zuständigkeiten der Aufgaben - klare Ziele - klare Strukturen - Lösungsorientierung	IK4 Vertrauensbildende Maßnahmen sind: - persönliche Kommunikation - transparente Entscheidungen - gelebte Fürsorge - hohe Zuverlässigkeit - hohe Wertschätzung - gelebte Solidarität

übernehmen wollen.				- transparente Kommunikation - breite Partizipation - gegenseitige Wertschätzung	- klare Strukturen - Delegation ohne Mikromanagement - Nichteinmischung/ Loslassen/ Raushalten
K4 Es gibt zwar Termine zur Kontrolle, aber entweder die Schulleitung delegiert oder sie macht es selbst: Tertium non datur.			K78 Über die Personalauswahl kann die Schulleitung vertrauenswürdige Personen identifizieren.		
K6 Die Schulleitung stärkt das Vertrauen in die Lehrkräfte, in dem sie sich -ganz banal- aus deren Aufgaben raushält.			K80 Vertrauen wird gestärkt durch - transparente, aber gezielte, also selektive Kommunikation	K93 Vertrauen wird gestärkt durch: - offener Austausch von Informationen - geradlinige Meinungsäußerungen	

			- korrekte und wertschätzende Zusammenarbeit	- Vertraulichkeit - wertungsfreies, aufmerksames Zuhören - Akzeptanz von Entscheidungen	
			K87 Struktur, Wertschätzung, Wissenstransfer, Kooperation im Kollegium und klare Aufgabenverteilung im Schulleitungsteam bildet Vertrauen.		

Vertrauen in das Leitungsteam					
K5 Das Vertrauen in das Team der Schulleitung muss besonders ausgeprägt sein. Alles andere wäre fatal.	K39 Das Vertrauensverhältnis zum Leistungsteam ist besonders intensiv.	K55 Das Vertrauen im Schulleitungsteam ist ein besonderes.	K81 Das Vertrauen in das Schulleitungsteam ist besonders persönlich.	K94 Je enger die Zusammenarbeit ist, desto größer muss das gegenseitige Vertrauen sein.	IK5 Der Vertrauensbegriff innerhalb des Schulleitungsteams unterliegt besonders hohen Anforderungen.
				K114 Die vertrauensvolle Zusammenarbeit im Schulleitungsteam hängt davon ab, inwieweit jede Person ihren Rollenwechsel in die Führung bewältigt hat.	

Entwicklungsperspektiven von Vertrauen					
K7 Vertrauen entwickelt eine Eigendynamik, die sich selbst reziprok als self fulfilling prophecy verstärken kann.	K34 Ob sich Vertrauen gegenseitig verstärkt, hängt von der Person, den Werten die sie vertritt, und, wie sie ihre Arbeit versteht, ab.	K60 Zu vertrauen bzw. ein Vertrauensvorschuss stärkt fühlbar das Vertrauen.	K82 Vertrauen, Wertschätzung und zurückhaltende, nichtfachliche Kontrolle gehören zusammen.	K92 Reziprokes vertrauen verstärkt Vertrauen nochmals.	IK6 Vertrauen entwickelt eine Eigendynamik, die sich reziprok als self fulfilling prophecy verstärken kann.
K8 Die Handlungssicherheit von Lehrkräften wird auf jeden Fall dadurch verstärkt, das die Schulleitung ihnen vertraut.	K35 Wenn die Schulleitung den Kollegen etwas zutraut, dann trauen sich diese etwas und rechtfertigen das Vertrauen im Sinne einer self fulfilling prophecy.	K62 Die Solidarität und Unterstützung der Schulleitung den Lehrkräften gegenüber macht diese handlungssicher.	K83 Kollegen werden handlungssicherer, wenn sie sich nicht so stark kontrolliert fühlen und keinen zu großen Respekt haben müssen.	K98 Vertrauen ist die Voraussetzung dafür, Unterstützung anzunehmen.	IK7 Die Gewissheit, Vertrauen zu genießen, stärkt die Handlungssicherheit von Lehrkräften.
K9 Die Gewissheit, dass die Schulleitung den Lehrkräf-	K36 Untereinander solidarisch zu sein, stärkt das Vertrauen.		K84 Klare Strukturen bringen Sicherheit, verringern Stress		

ten vertraut, entlastet diese davon, etwas beweisen zu müssen, sodass sie sich auf das Kerngeschäft des Unterrichtens konzentrieren können.			und erhöhen so die Resilienz.		
K10 Das Vertrauen der Schulleitung in ihre Lehrkräfte ist ein wesentlicher Baustein der Wertschätzung ihnen gegenüber.	K40 Ehrlichkeit und Geradlinigkeit sind wichtig für vertrauensvolle Zusammenarbeit.			K99 Um für Mitarbeiter gut sorgen zu können, müssen diese Vertrauen in die Schulleitung haben.	

K12 Die wertschätzende Haltung stärkt die Resilienz des Systems, indem Fehler kompensiert werden können. Die einzelnen Lehrkräfte bleiben gesund, weil ein vertrauensvolles Arbeitsverhältnis fehlertolerant ist.	K31 Eine faire Lastenverteilung bedeutet angemessene Fürsorge zur Gesundheiterhaltung und Freude an den Aufgaben. Das ist für ein vertrauensvolles Arbeitsverhältnis notwendig.				IK8 Reziprokes Vertrauen stärkt die Resilienz des Systems und damit die Gesunderhaltung der Mitarbeitenden.
	Z33 Zu einer vertrauensvollen Zusammenarbeit gehört, Mensch zu sein, Fehler einzugestehen und Schwächen zuzugeben und verzeihen zu können.			K110 Vertrauensvolle Zusammenarbeit ermöglicht kritische Diskussionen.	IK9 In einem vertrauensvollen Arbeitsverhältnis ist es möglich, Fehler einzugestehen und zu verzeihen.

	K43 Die Vorgeschichte in Verlässlichkeit, guter Kommunikation, die Übernahme von Verantwortung und auch geringe Fehlzeiten verstärken das Vertrauen.				IK10 Die Summe und die Dauer der positiven Erfahrungen stärkt das Vertrauen.
	K45 Jeder startet mit einem Vertrauensvorschuss.				
K19 Wichtiger vertrauensbildender Faktor ist die Authentizität besonders im persönlichen Gespräch und Aussagen, denen Taten folgen. Die Bereitschaft und der Wille, es	K32 Eine vertrauensvolle Zusammenarbeit wird durch Partizipation der Beteiligten an Entscheidungen, Transparenz, Freude an der Arbeit und Ehrlichkeit				IK11 Vertrauensbildend wirken - Authentizität - persönliche Gespräche - Partizipation - Ehrlichkeit - Transparenz - Nahbarkeit

ernst zu meinen, ist entscheidend.	über den Leistungsanspruch gestärkt.				
	K47 Es ist vertrauensbildend, wenn die Schulleitung transparent und nahbar ist.				

Beschädigung von Vertrauen					
	K29 Vertrauen wird getrübt durch Übertragung von Aufgaben, deren Sinn nicht erkennbar ist, durch mangelnde Wertschätzung und widersprüchliche Kommunikation.	K56 Vertrauen geht bei Unterstellungen verloren, was dann für alle „stets und ständig“ Probleme erzeugt.			
	K44 Enttäuschungen mindern das Vertrauen.	K65 Vertrauen schwindet nur schrittweise.		K102 Vertrauen kann missbraucht werden.	IK12 Vertrauen kann missbraucht werden.
		K66 Vertrauen kann nicht schädlich sein.	K86 Vertrauen wird beschädigt, wenn Probleme nicht angegangen werden und der Vertrauensvorschuss aufgebraucht ist.	K97 Permanente Kontrolle schadet dem Vertrauen ebenso wie die Ablehnung der Ergebnisse, nur weil sie nicht den eigenen Vorstellungen entsprechen.	IK13 Vertrauen schwindet bei permanenter Kontrolle, Enttäuschungen und Unterstellungen.

		K72 Vertrauen ist unabdingbar. Es gehört dazu, dass es missbraucht werden kann.			

Grenzen der vertrauensvollen Zusammenarbeit					
K13 Vertrauensvolle Zusammenarbeit wird durch die Hierarchie begrenzt, wenn die Schulleitung von der Weisungsbefugnis Gebrauch machen muss.	K41 Vertrauen darf auch nicht blind sein, um Ergebnisse sicherzustellen.	K59 Als Schulleiter ist man auch fordernder Arbeitgeber, was das Vertrauen beschädigen kann.	K85 Vertrauensvolle Zusammenarbeit endet, wenn trotz Hilfsangeboten nur Minderleistungen im Unterricht erbracht werden.	K104 Missbrauchtes Vertrauen führt zu Distanz, verstärkter Kontrolle und Rückgriff auf Dienstanweisungen.	IK14 Vertrauensvolle Zusammenarbeit wird durch die Hierarchie begrenzt.
K14 Die Schulleitung verfügt über mehr Herrschaftswissen als sich die Lehrkräfte vorstellen können, was das Vertrauen begrenzen kann, wenn das Vorwissen negativ ist.	K42 Vertrauen zeigt sich besonders in Zuverlässigkeit und im Mitdenken. Anderenfalls sorgt es für Frustration und wird beschädigt.	K63 Lehrkräften zu Vertrauen ist entscheidend, auch wenn es einzelne Kollegen gibt, die allem misstrauen.		K106 Vertrauen wird entzogen, indem Gesprächszeit und übertragene Aufgaben wieder entzogen werden.	

K15 Das Vertrauen der Schulleitung und das Vertrauen ihr gegenüber kann missbraucht werden, indem die Schulleitung hintergangen wird und sie illoyal behandelt wird.	K46 Mangelhafte Loyalität und üble Nachrede der Schulleitung gegenüber ist besonders problematisch.	K64 Die Grenzen des Vertrauens sind sehr, sehr weit; sie sind erst bei wiederholtem, vorsätzlichem Fehlverhalten erreicht.		K107 Jemanden öffentlich zu diskreditieren, bedeutet starken Vertrauensentzug.	IK15 Die Grenzen des Vertrauens der Schulleitung werden bei Illoyalität erreicht. Das zeigt sich besonders in übler Nachrede, Hintergehen und wiederholtem, vorsätzlichem Fehlverhalten.
K16 Auch das Vertrauen der Lehrkräfte kann durch die Schulleitung missbraucht werden, indem aus persönlichem Geltungsbedürfnis persönliche Informationen veröffentlicht werden.				K103 Missbrauchtes Vertrauen sanktioniert auch das Kollegium scharf.	IK16 Grenzüberschreitender Missbrauch des Vertrauens insbesondere im persönlichen Bereich wird nicht vergessen.

K17 Schwerwiegende Beschädigung des Vertrauens wird nicht vergessen.				K108 Die Schulleitung zu hintergehen, beschädigt das Vertrauen stark. Die Auswirkungen können an kleinen Schulen besonders gravierend sein.	
K18 Die Qualität des Vertrauensbruchs entscheidet darüber, wann und ob er verziehen werden kann.	K30 Intransparenz beschädigt Vertrauen.			K111 Das Risiko zu gehen, jemandem zu vertrauen, ist gering, wenn das Gesamtsystem Schule stabil ist.	
				K112 Vertrauen kann in Zukunft gewonnen werden, auch von denjenigen, von denen man enttäuscht wurde.	

				K115 Die vertrauensvolle Zusammenarbeit ist gerade in der Zwischenposition des mittleren Managements schwierig	
				K105 Kein Vertrauen zu haben, erzeugt Angst.	IK17 Kein Vertrauen zu haben, erzeugt Angst.
K24 Das Risiko zu vertrauen ist sehr gering.	K49 Vertrauen kann ein Risiko bedeuten, dem aber eine Risikoabwägung, wem in welchem Maß vertraut wird, vorausgeht.				IK18 Das Risiko professionellen Vertrauens ist gering.

	K50 Mit dem Risiko muss man rechnen, wenn es persönlich ist, wenn man es als Mensch eingeht.				

Vertrauensbildung in das System der Einzel-Schule					
K20 Die Summe der vertrauensbildenden Maßnahmen ist die Grundlage für Vertrauen in das System der Einzelschule.		K68 Vertrauen ins das System Einzelschule zeigt sich in der Haltung, alles gemeinsam zu tragen und sich mit dem entwickelten Leitbild zu identifizieren.			IK19 Die Summe der vertrauensbildenden Maßnahmen ist die Grundlage für Vertrauen in das System der Einzelschule.
K21 Es ist nicht trivial, dass der Schulleiter als Maßnahme zur Vertrauensbildung die Lehrkräfte in Ihren Entscheidungen stärkt und seine Solidarität bei Problemen von außen zusichert.		K69 Vertrauen in das System der Einzelschule zeigt sich auch in der Verlässlichkeit, darin, dass „es läuft".		K101 Eine vertrauensvolle, offene Zusammenarbeit hat sehr große Auswirkungen auf eine gute Arbeitsatmosphäre der Schule.	IK20 Vertrauen in das System der Einzelschule zeigt sich darin, dass Vertrauen nicht gesondert thematisiert wird, darin, dass „es läuft" und die Atmosphäre gut ist.

K22 Maßnahmen der Vertrauensbildung mit Hilfe von Experten von außen oder Ausflüge des Kollegiums sind in der Regel nicht hilfreich.	K48 Gemeinsame Erlebnisse und sich in einem anderen Kontext zu erleben, kann das Vertrauen fördern.				IK21 Es ist unsicher, ob gemeinsame Erlebnisse in einem außerschulischen Kontext Vertrauen fördert.
K23 Vertrauen entsteht dadurch, dass man es als Vorbild lebt.	K38 Vertrauensvolle Zusammenarbeit muss vorgelebt werden.			K100 Das Vorbild vertrauensvoller Zusammenarbeit der Schulleitung hat große Auswirkungen auf das ganze System der Einzel-Schule.	IK22 Vertrauensvolle Zusammenarbeit muss vorgelebt werden

Vertrautheit vs. Vertrauen					
K26 Vertrautheit kann für professionelles Vertrauen ein Problem werden, wenn man die Rolle als Schulleiter übernimmt und damit die Seiten wechselt. Die Wahrnehmung wird in kürzester Zeit getauscht.	K51 Vertrauen kann gesteuert werden, wem was anvertraut wird, sodass man es auch persönlich verantworten muss.	K73 Vertrautheit kann Konfliktpotential bedeuten.	K88 Vertrautheit spielt bei professionellem Vertrauen eher keine Rolle.	K113 Ein enges professionelles Vertrauensverhältnis kann eine solche Vertrautheit sein, sich ohne Worte zu verstehen.	IK23 Vertrautheit kann aufgrund des Rollenwechsels in die Leitungsfunktion Konfliktpotential bedeuten.